财经类专业"十四五"规划新形态教材

Python 经济管理大数据分析

吴庆源 / 编著

图书在版编目(CIP)数据

Python 经济管理大数据分析 / 吴庆源编著. —上海：立信会计出版社，2024.2
ISBN 978-7-5429-7489-1

Ⅰ.①P… Ⅱ.①吴… Ⅲ.①经济管理-数据处理 Ⅳ.①F2-49

中国国家版本馆 CIP 数据核字(2024)第 014757 号

策划编辑　　王斯龙
责任编辑　　王斯龙
助理编辑　　郑文婧
美术编辑　　吴博闻

Python 经济管理大数据分析
Python JINGJI GUANLI DASHUJU FENXI

出版发行	立信会计出版社			
地　　址	上海市中山西路 2230 号	邮政编码	200235	
电　　话	(021)64411389	传　　真	(021)64411325	
网　　址	www.lixinaph.com	电子邮箱	lixinaph2019@126.com	
网上书店	http://lixin.jd.com	http://lxkjcbs.tmall.com		
经　　销	各地新华书店			
印　　刷	上海华业装璜印刷有限公司			
开　　本	787 毫米×1092 毫米	1/16		
印　　张	12.5			
字　　数	245 千字			
版　　次	2024 年 2 月第 1 版			
印　　次	2024 年 2 月第 1 次			
书　　号	ISBN 978-7-5429-7489-1/F			
定　　价	45.00 元			

如有印订差错，请与本社联系调换

前　言

随着信息技术的不断发展，大数据的重要性在经济管理领域愈发凸显。大数据分析已经成为企业决策、市场预测、风险管理等方面的重要工具。Python语言因其灵活性、可读性和易学性，逐渐成为数据分析领域的热门语言。本书应运而生，满足了在经济管理大数据分析领域的应用需求，旨在为读者提供一个基于实际案例的学习工具，使读者能够掌握Python语言的应用技能，并将其应用于实际工作中。

本书主要涵盖宏观经济、企业财务、企业管理等方面的经济管理知识，并应用Python分析技术对经济管理数据库中提取的粗数据进行清洗和分析。本书内容包含Python单比率时间序列分析、多指标比率分析及构图分析等，适合初学者使用。此外，本书还介绍了大数据应用Python进行因果推断和机器学习的方法，涉及宏观经济数据和微观企业上市数据，帮助读者掌握多种经济管理大数据分析的技能。本书配备二维码扩展课程学习内容，提供相关的课件、数据等资源，供教师和学生使用。

本书的目标读者主要是经济管理类专业的学生和业界经济管理类工作人员，可以将本书看作经济管理学科本科高年级学生进行大数据分析的教材或是业界撰写经济管理报告的工具书。本书旨在培养读者的经济管理专业科学素养和综合能力，满足他们在实际工作中对分析报告的需求，同时通过案例的融入，加强对读者思政素质的培养。

最后，要感谢所有对本书创作和出版提供支持的人员和机构。感谢段海艳教授对本书结构提出的建设性意见，感谢学生李瑶、黄晴、陈丹君、庄洪燕在本书写作过程中所做的资料整理工作。特别感谢所有热爱经济管理大数据分析的读者们，希望本书能成为你们进行大数据分析的有力工具和学习资源。

本书由暨南大学金融学博士、大数据分析师（高级）吴庆源编著。

作者

2024年2月

配套资源

目 录

第 1 篇　Python 数据分析基础

第 1 章　Python 介绍 ... 3
1.1　学习 Python 的目的 ... 4
1.2　Python 的发展历程 ... 5
1.3　Python 学习的基本思路 ... 7
1.4　Python 代码开发环境 ... 9
1.5　Python 的安装 ... 11
1.6　学习 Python 的社会责任 ... 13

第 2 章　Python 基础 ... 16
2.1　Python 基础数据类型 ... 16
2.2　NumPy 语法 ... 20
2.3　Pandas 语法 ... 27
　　　实操案例　运用 Pandas 读取 Excel 数据并进行数据处理 ... 30

第 3 章　Python 数据获取、清洗以及常见的处理 ... 34
3.1　数据获取 ... 34
3.2　数据清洗 ... 35
　　　实操案例　数据一致性及缺失值的清理 ... 37
3.3　常见的数据处理 ... 40

第 4 章　Python 数据构图分析 ... 43
4.1　Matplotlib 简介 ... 43
4.2　图像要素 ... 46

4.3　画图类型 ··· 49

　　实操案例　房价与房间数量的关系分析 ································ 55

第 5 章　Python 经济管理比率分析 ···································· 58

5.1　单指标变化率计算 ··· 58

5.2　多指标比率计算 ··· 63

　　实操案例　运用 Python 进行企业财务比率分析 ···················· 68

第 2 篇　Python 数据因果关系推断

第 6 章　Python 数据线性因果关系推断 ···························· 87

6.1　二元线性回归模型及其参数估计 ···································· 87

6.2　普通最小二乘法的 Python 实现 ···································· 90

　　实操案例 6-1　企业股价的市场影响因素——线性回归模型 ········ 94

6.3　对数化模型的 Python 实现 ·· 96

　　实操案例 6-2　企业流动性的影响因素——对数化模型 ············ 97

第 7 章　Python 与数据统计推断 ······································ 102

7.1　统计分析推断的数学表示 ·· 102

7.2　P 值统计及图形解释 ·· 104

7.3　单双侧 t 检验及 Python 实现 ·· 105

　　实操案例 7-1　企业偿债能力影响因素——单双侧 t 检验 ········ 107

7.4　置信区间 ··· 110

7.5　线性组合的假设检验 ··· 111

　　实操案例 7-2　企业偿债能力影响因素——线性组合假设检验 ···· 113

7.6　标准化回归模型的 Python 实现 ···································· 117

　　实操案例 7-3　企业成长性的影响因素——标准化回归 ·········· 117

第 8 章　Python 非线性因果关系推断 ······························ 121

8.1　二次项模型 ·· 121

　　实操案例 8-1　企业创新与企业规模的倒 U 形关系——二次项回归 ···· 123

8.2　交互项的理论意义及实现 ·· 125

　　实操案例 8-2　企业成长性的财务影响因素——交互项分析 ···· 126

8.3 模型误设检验 ·· 128

第 9 章 虚拟变量 ·· 130
9.1 虚拟变量概述 ·· 130
9.2 虚拟变量的 Python 实现 ·· 132
　　实操案例 9-1　企业规模与资产负债率的因果关系推断——虚拟变量
　　　　　　　　构造 ··· 133
9.3 二值变量交叉 ·· 137
　　实操案例 9-2　金融危机与企业债务的分析——虚拟变量交叉项的
　　　　　　　　回归 ··· 137

第 10 章 异方差的 Python 应用 ·· 141
10.1 异方差性概述 ·· 141
10.2 异方差性检验 ·· 143
10.3 异方差性处理——加权最小二乘法 ·· 145
　　实操案例　企业资本结构调整的影响因素——异方差检验及处理 ········ 146

第 11 章 面板数据模型 ··· 154
11.1 混合模型 ·· 154
11.2 固定效应模型 ·· 155
11.3 随机效应模型 ·· 156
11.4 模型实操与比较 ··· 158
　　实操案例　企业营运能力的因果关系推断 ································· 158

第 3 篇　Python 机器学习方法

第 12 章 Python 机器学习基础介绍 ·· 165
12.1 机器学习的来源 ··· 165
12.2 机器学习的定义 ··· 165
12.3 机器学习的发展 ··· 166
12.4 机器学习的基础 ··· 167
12.5 机器学习的应用 ··· 167

12.6　机器学习的分类 …………………………………………………… 169

12.7　机器学习的基本流程 ……………………………………………… 170

第 13 章　Python 机器学习的分类模型 …………………………………… 171

13.1　逻辑回归模型（二值因变量模型）………………………………… 171

13.2　KNN 算法 …………………………………………………………… 174

13.3　支持向量机 ………………………………………………………… 177

13.4　决策树算法 ………………………………………………………… 181

　　　实操案例　企业财务舞弊的影响因素分析——机器学习分析 ……… 186

第 1 篇

Python 数据分析基础

第 1 章

Python 介绍

 知识导航

```
                                    ┌ Python 的前景广阔
                    ┌ 学习 Python 的目的 ┤ Python 实现自动化,提高办公效率
                    │                 │ Python 功能强大,用途广泛
                    │                 └ Python 语言本身清晰,易于学习和使用
                    │
                    │                 ┌ Python 的开源历史
                    │ Python 的发展历程 ┤ Python 的由来
                    │                 └ Python 版本的发展
                    │
                    │                    ┌ 了解编程基础概念,掌握编程基本语法
        Python 介绍 ┤ Python 学习的基本思路 ┤ Python 实现方向
                    │                    │ 运用 Python 进行经济管理数据分析
                    │                    └ 高阶 Python 技术的自学
                    │
                    │ Python 代码开发环境 ┌ 代码开发环境介绍
                    │                   └ 常用的开发环境类型介绍
                    │
                    │ Python 的安装
                    │
                    │                    ┌ 尊重知识产权
                    │                    │ Python 应用于公益事业
                    └ 学习 Python 的社会责任 ┤ 关注数据隐私和信息安全
                                         │ 推动数字化转型和智能化发展
                                         └ 树立正确的价值观和社会责任意识
```

学习目标

1. 了解 Python 的发展历程,以及 Python 学习的好处
2. 掌握 Python 学习的基本思路
3. 了解 Python 代码开发环境
4. 学习 Python 的安装方法

1.1 学习 Python 的目的

1.1.1 Python 的前景广阔

Python 是一门热门的人工智能和数据科学通用语言,也是人工智能(artificial intelligence,AI)学习的基础。AI 被认为是未来的趋势技术,而 Python 的语法简单、编码少,是人工智能领域使用最广泛的编程语言之一,可以与数据结构和其他常用的 AI 算法无缝衔接。Python 代码是类似于所有脚本语言的伪代码,这种编程语言的优雅设计和语法规则,使其在多程序员开发团队中也具有很强的可读性,可以让计算机解析代码,按照约定的语义来执行操作。它支持多种构建计算机程序结构和元素的方法,包括面向对象和函数式编程。它有许多有用的功能性特征,使其比其他编程语言更流行也更易于学习,它是一种简单的、可移植的、面向对象的解释型交互式高级语言。通过这门语言,你能学习到更多前沿的新技术,如 Web 开发、网络爬虫、人工智能、数据分析、自动化运维等。

1.1.2 Python 实现自动化,提高办公效率

在大数据时代,许多行业都离不开信息搜集和数据处理。熟练使用 Python 可以让你快速掌握更多资源,拥有更高效率。Python 实现自动化,顾名思义就是使用 Python 将业务逻辑提前写入程序,让你在处理相应工作时事半功倍。Python 能满足绝大部分自动化运维的需求,既能做后端 C/S 架构,又能用 Web 框架快速开发 Web 界面。你在使用 Python 开发一套运维自动化系统的时候,不仅能够降低失误率,提高工作效率,还能有更多的时间做更有价值的事情。例如,在做日常数据汇报整理时,Python 可以把重复的信息一键生成表格,方便快捷,而整个过程只需要不到 10 分钟。

Python 办公自动化主要是批量化、自动化、定制化解决数据问题,目前主要分为三大块:自动化 Office、自动化机器人、自动化数据服务。Python 都有对应的工具库,可以方便地调用。其中,自动化 Office,包括对 Excel、Word、PPT、E-mail、PDF 等常用办公场景的操作。

1.1.3 Python 功能强大,用途广泛

Python 功能强大,支持开发各种类型软件,如开发爬虫、网站、人工智能、游戏等。Python 是跨平台语言,可以在 Windows、Linux、UNIX 和 Macintosh 等不同平台上运

行。因此,Python 是一种可移植的语言,程序员只需编写一次程序,就可为多个平台开发软件。

Python 是一门表达能力很强的编程语言。Python 在系统运维、机器学习、数学处理、文本处理、图形处理、网络编程、Web 编程、数据库编程、多媒体应用、PYMO 引擎、黑客编程、爬虫编写、人工智能等方面均可应用。国外的 Google、Youtube、Dropbox,国内的百度、新浪等几乎所有大中型互联网公司都在使用 Python。在 Web 开发领域,Python 只是众多选择之一;但在自动化运维领域,大部分的开源运维工具都是由 Python 编写的,如 Celery、Ansible、Paramiko、Airflow 等。因此,虽然很多公司的核心业务不使用 Python,但其管理系统、运维等方面大量使用 Python,如 Facebook 工程师维护了上千个 Python 项目,包括基础设施管理、广告 API 等。

1.1.4　Python 语言本身清晰,易于学习和使用

Python 是最接近人类自然语言的机器语言,具有高可读性,经常使用英语关键词,语法结构较简单,可以使用几行代码来执行复杂的任务,便于非计算机专业人士应用于各个领域各个学科。而 C 语言、Java 语言等涉及计算机系统内部原理,更适合计算机专业人士使用。与其他编程语言相比,Python 的可读性更强,也更容易设置,不需要处理任何类路径问题。安装时,在 PATH 中添加 Python,即意味着你可以在计算机的任何位置运行 Python。

1.2　Python 的发展历程

1.2.1　Python 的开源历史

Python 语言诞生于 1990 年,由 Guido van Rossum 设计并领导开发。作为开源软件之一,Python 解释器的全部代码都是开源的,用户可以在 Python 的主网站自由下载,即用户可以自由地运行、拷贝、分发、学习、修改并改进该软件,这意味着无论是个人还是集体都可以掌控所运行的软件,并决定这些程序如何为自己服务。因此,使用者可以自由地发布、阅读、修改该软件的源代码,并把它用于新的自由软件中。

1.2.2　Python 的由来

Python 的名称来自荷兰人 Guido von Rossum,他在 1989 年圣诞节期间,为了打发

时间而决定使用C语言编写一个新的脚本解释程序,作为ABC语言的继承。Guido希望有一种语言,既能像C语言那样具有高效运行的实用性特征,又可以像Shell那样轻松编程。Guido综合了ABC语言的优点,并结合Unix Shell和C语言的习惯,创造出一种新的语言——Python。实际上,Python是由诸多其他语言发展而来的,包括Unix、C、ABC、Modula-3、C++、Algol-68、SmallTalk和其他脚本语言等。

Guido之所以选择Python作为编程语言的名字,是因为他是英国一个超现实幽默表演团体的狂热爱好者,该表演团体的代表作品是英国20世纪70年代首播的电视喜剧片《蒙提·派森的飞行马戏团》(Monty Python's Flying Circus)。虽然Python这个名字与编程语言并没有直接联系,但这个名字已经成为Python语言的代表。Python源代码遵循GPL(GNU General Public License)协议,这是一个开源协议,也就是说你可以免费使用和传播它,而不用担心版权的问题。目前,Python正由一个核心开发团队在维护,Guido负责指导工作。

1.2.3 Python版本的发展

1991年2月,Guido Van Rossum将代码(标记为0.9.0版)发布到alt.sources。Python 1.0版本发布于1994年1月,这个版本包含lambda、map、filter和reduce等新功能。但是Guido对这个版本并不满意。2000年10月,Python 2.0版本发布了,其最稳定的版本是Python 2.7。该版本添加了新功能,如列表解析、垃圾收集系统及对Unicode的支持。然而,该版本最为重要的优势是开发流程的改变,这意味着Python此时有了一个更透明的社区。

2008年12月,Python 3.0发布了,Python 3是目前最新的版本。2011年1月,它被TIOBE编程语言排行榜评为2010年年度语言。2020年1月,Python官方终止了对Python 2.7版本(最后一个Python 2.x版本)的支持,Python 3.x不再向后兼容Python 2.x,这意味着Python 3.x可能无法运行Python 2.x的代码。自此Python 2完全"退休",Python进入了3.0时代,Python的社区也在蓬勃发展。Python作为一种面向对象的动态类型语言的计算机程序设计语言,最初被设计用于编写自动化脚本(Shell),随着版本的不断更新和新功能的添加,Python被越来越多地用于独立的、大型项目的开发。

Python 3与Python 2不兼容,Python 3.0是对以往版本的升级,并且没有向下兼容。不过随着这几年Python 3的使用率急剧上升,新手可以放心地从Python 3学起。本书全部内容将基于Python 3展开。

1.3 Python 学习的基本思路

1.3.1 了解编程基础概念,掌握编程基本语法

Python 开发者为了使程序员养成良好的编程习惯,有意让违反缩进规则的程序不能通过编译,并且在 Python 语法上利用缩进表示语句块的开始和退出(Off-side 规则)。增加缩进表示语句块的开始,而减少缩进则表示语句块的退出。因此,要想学好 Python,先要对计算机有个基本的认识,了解编程基础概念及运用编程解决现实问题的基本流程,扎实掌握 Python 编程的核心基础,如 Python 的基础语法、Python 的编码规范、Python 异常相关问题等。尽管 Python 的语法简单,对新手来说友好、易上手,但系统知识的掌握也是至关重要的,无论是后期选择不同的就业方向,还是实战编码开发,都需要具备扎实熟练的基础编程能力。基础知识的掌握有利于我们后续学习的顺利进行,同时对我们后续灵活使用 Python 标准库也会有所帮助。

Python 语言的核心包含字典、数字、列表、字符串、文件等常见类型和函数,其编程基本语法主要包括控制语句、表达式、对象的方法、类型、数学运算等。Python 内置丰富的数据类型,如字符串、字节、列表、元组、字典、整数、浮点数等。可以说,Python 具有很强的动态性,除了各种数据类型,Python 还可以用来表示函数、类型本身、模块、对象的方法、运行时信息等。对处于初级阶段的新手来说,理论知识很重要,系统掌握每个基本语法的概念、用途和使用方法,形成一套属于自己的完整的知识体系是至关重要的。由于 Python 属于应用科学,从业者不仅要掌握相关的理论知识,还要真正具备相应的实战开发能力。

1.3.2 Python 实现方向

在当今社会,Python 是发展最快的编程语言之一,应用于科技行业的各个领域。Python 拥有一个强大的标准库,该标准库提供了系统管理、网络通信、文本处理、数据库接口、图形系统、XML 处理等功能。作为互联网技术,Python 将数据通过计算机最终呈现在用户面前。在整个执行的流程中,我们要灵活运用 Python 的各个功能,如使用 Python 实现数学运算、使用 Python 实现文本编辑、使用 Python 实现基本数学统计、使用 Python 实现基本逻辑控制。Python 社区是学习 Python 的一个很好的工具,可以缩短学习周期。Python 社区还提供了大量的第三方模块,其使用方式与标准库类似。

1.3.3　运用 Python 进行经济管理数据分析

Python 在经济管理数据分析的应用非常广泛,包括宏观经济分析、财务管理分析、企业运营分析、风险管理、金融科技、量化投资等。Python 既是一门语言,同时也是一个技术生态系统。Python 的使用者既包括专业软件开发人员,也包括科研及经管领域专家。对临时开发人员来说,Python 更是具有其他语言不可比拟的优势,比如在构图上,临时开发人员能够轻易地从 Matplotlib 获得 Python 已有的构图代码,稍加修改即可满足自身需求,比 Matlab 更为便捷,又比 Excel 更加专业、具体,能够满足更为特殊的构图需求。Python 简单的语法及具有亲和力的使用环境对经济管理人员而言是极具吸引力的。

在具体的应用上,科研及经管领域专家可以通过 Python 进行宏观经济、微观企业等数据的收集与处理,能够进行经济管理数据的统计分析、构图分析、建模分析,能够满足时间序列数据、截面数据、面板数据的规整、拼接、转化等数据分析需求,能够将数据分析、数据挖掘与经济管理人员的理论和实践认知进行有益的结合。例如,财务管理人员对企业运营能力、企业盈利能力、企业成长能力等构建一个理论分析的框架,收集相应的指标,通过 Python 进行统计分析、指标计算、趋势分析、画图展示等,能够满足企业经济管理决策的各种数据需求。

1.3.4　高阶 Python 技术的自学

掌握初阶 Python 技术并不意味着你可以完全驾驭 Python。Python 的应用范围很广,Python 进阶学习的方向也很多。不同需求的人群对 Python 的掌握要求都是不同的,Python 的应用范围包括爬虫、数据分析、Web 开发、算法、机器学习、人工智能等,所以在进阶学习前,选定一个专攻的方向是非常关键的,并且在学习的过程中不要忘记对已学知识进行巩固和运用。

在确定好自己要发展的方向后,学习者就得具体问题具体分析,根据自己选择的方向进行系统性的学习,多参加实战项目练习,遇到学习上的困难,多查阅资料,或者另辟蹊径找到适合自己解决问题的方法。总之,在这个阶段,学习者一定要多动手实践,查找和处理过程中遇到的错误和异常,多上网搜索或向身边人请教。在这部分学习中,我们需要充分掌握四个要点:基础语法的理论知识;知识的具体应用方向;实际操作过程中常见的异常及排除方法;函数式编程及面向对象核心编程思想的实际应用。同时,我们要不断提高对编码的熟练掌握程度,掌握这些核心技术知识,对于后期各种技术方向的拓展学习有非常大的帮助。

1.4　Python 代码开发环境

1.4.1　代码开发环境介绍

在 Python 的学习过程中,运行 Python 程序必然不可缺少解释器,或者集成的开发编辑器,如 PythonWin、MacPython、PyCharm 等,它们统称为集成开发环境(integrated development environment,IDE)。集成开发环境是指一套能够进行代码编辑并查看代码运行结果的软件。此时项目尚处在编译阶段,具有图形用户界面,集代码的编写、编译或解释、调试、程序性能监测等功能于一体,用于辅助程序员开发的程序应用软件,基本上统一了软件开发和测试所需的所有基本工具,这反过来又帮助程序员最大化输出。这些实用的 Python 开发工具,能帮助开发者加快 Python 开发的速度,提高编程效率。Python 程序开发一般由编写 Python 程序和运行 Python 程序两部分组成,一个 Python 开发环境主要包含编辑 Python 代码的编辑器和运行 Python 代码的解释器。高效的代码编辑器(IDE)能提供插件、工具等,帮助开发者高效开发。

1.4.1.1　代码编辑器

代码编辑器简单来说就是一个文本编辑器,它和 Windows 下的"记事本"一样,是具有图形用户界面的软件。相较于其他 IDE,代码编辑器功能较为简单,一般只具备打开代码文件、高亮语法显示、代码编写(自动补全)等功能,更多的功能需要通过安装插件来扩展。

1.4.1.2　代码解释器

我们在运行 Python 程序时,需要先运行 Python 解释器,通过代码解释器去读取 Python 程序文件,再以机器指令语言告诉 CPU 如何运行程序。

一款优秀的 Python 代码解释器能满足程序员的核心要求,众所周知,如果有一个很好的代码编辑器将会有非常好的编程体验。因此,在编程环境中,即使每个应用的功能各异,但是核心功能使我们编程更容易,如保存和重载代码文件、支持调试、语法高亮、自动补充代码格式、源码控制、扩展模型、构建和测试工具、语言帮助等。程序员的编程方向不同,对编程环境的要求也是各不相同的,我们只需选择适合自己的编程环境。

1.4.2 常用的开发环境类型介绍

1.4.2.1 Python 软件自带的命令行环境

Python 有三种运行方式：命令行窗口、Python 解释器和 IDLE。Python 软件自带的命令行又称 Cmd、命令提示符。对入门的新手来说，学习 Python 的第一步就是学习如何在命令行中运行 Python 程序。与 GUI 程序相比，命令行程序有以下优点：编写简单，参数形式统一，便于自动化。同时，命令行不涉及复杂的交互，可以更好地使用很多功能简单的程序，命令行解析用来调试程序也很方便、灵活，不需要在源代码里修改程序的参数。

命令行工具有两种打开方式：一是在 Windows 10 系统下，右键"开始运行"，输入"cmd"点击"确定"，打开一个黑色的文本框，我们就可以在这个文本框中输入命令了；二是使用文件搜索工具，搜索电脑中的一个 cmd.exe 文件，双击这个文件也可以打开文本框。运行一个 Python 程序，需要输入"Python＋程序地址＋程序名.py"，不过 cmd 的使用方式不太符合我们的日常习惯，所以我们可以根据自身偏好进行一些基础的设置，右键图标设置属性就可以进行调整。

1.4.2.2 Jupyter Notebook：浏览器网页版环境

Jupyter Notebook 是基于网页的用于交互计算的应用程序，可被应用于全过程计算：开发、文档编写、运行代码和展示结果。Jupyter 项目为许多不同的用例构建工具、标准和服务，是一个非常友好且易于理解的框架。同时，Jupyter 内核允许将 Jupyter 接口和工具与任何编程语言一起使用，易于使用和理解，安装简单，使用方便，可以在多种平台运行。程序往往都是在服务器上运行的，Jupyter Notebook 支持以网页的形式打开，可以直接在浏览器运行代码，同时会在代码下方展示运行结果，如在编程过程中需要编写说明文档，可在同一个页面中直接编写，便于作及时的说明和解释，实现了文字和代码的完美结合，我们甚至可以边学习边对代码编写说明文档或语句。Jupyter Notebook 同时支持 Markdown 语法，也支持使用 LaTeX 编写数学性说明。总之，Jupyter Notebook 的功能很强大，它绝对是学习算法、分析数据的好帮手。

不过，Jupyter Notebook 在源代码控制方面有一些缺陷，很容易在该区域遇到安装问题和不兼容问题。

1.4.2.3 PyCharm：电脑桌面版环境

PyCharm 是一种 Python IDE（集成开发环境），配有一整套可以帮助用户在使用 Python 语言开发时提高其效率的工具，如调试、语法高亮、项目管理、代码跳转、智能提示、自动完成、单元测试、版本控制等。此外，PyCharm 提供了一些高级功能用于支持 Django 框架下的专业 Web 开发，同时支持 Google App Engine 和 IronPython。

Pycharm 和 Python 一样，分为付费版（专业版）和免费开源版（社区版），不论是在

Windows、MacOS 系统中还是在 Linux 系统中,都支持快速安装和使用。PyCharm 直接支持 Python 开发环境,在 PyCharm 中打开一个新的文件就可以开始编写代码,并且它支持源代码管理和项目管理。你可以在 PyCharm 中直接运行和调试 Python 程序。不足的是,PyCharm 存在加载较慢的问题,对于已有的项目需要调整默认设置。

除了以上三种常用的类型,还有其他各式各样优秀的集成开发环境,如 Sublime Text、Vim、Visual Studio Code 和 Eclipse with PyDev 等。下面将简单介绍其中两种。

1) Sublime Text

Sublime Text 是开发者非常喜欢的代码编辑器,功能丰富,支持多种语言,支持 Python 代码编辑,同时兼容所有平台,丰富的插件扩展了语法和编辑功能,在编程社区内很受推崇。仅从代码编辑器的角度来看,Sublime Text 迅捷、小巧并且具有良好的兼容性。

2) Vim

Vim 是一个高度可配置的高级文本编辑器,旨在高效地创建和更改任何类型的文本,支持更多更完善的特性集。它作为"vi"包含在大多数 UNIX 系统和 MacOS 系统中。Vim 非常稳定,在文本的编辑和查看方面功能强大,自定义性极强,虽然使用门槛高,但是一旦学会,编写代码的效率会提高很多,特点包括持久、多级撤销、广泛的插件系统、支持许多种编程语言和文件格式、强大的搜索和替换功能。不过对大多数新手来说,Vim 是比较难掌握的,是一个需要投入大量时间学习的工具,其功能庞大且复杂,需要长期练习才能熟能生巧。

1.5　Python 的安装

搜索 Anaconda,进入 Anaconda 的官网(https://www.anaconda.com/),下载 Python 安装包,如图 1-1 所示。

图 1-1　Anaconda 主页下载 Python

下载时默认是 Windows 版本，对应的是在线的 Windows 最新版本，如果想要下载其他版本，特别是比较旧的 Windows 版本，或者是 Mac 版本，点击下方的"Get Additional Installers"，进入安装界面，如图 1-2 所示。

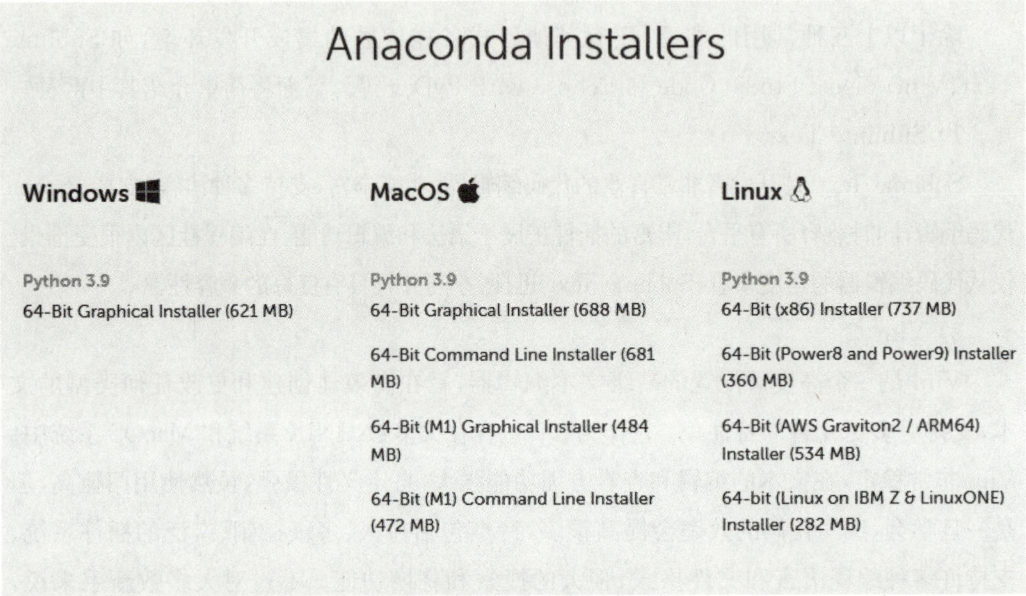

图 1-2 Anaconda 安装界面 1

在这个界面中，可以根据电脑的类型进行选择，如果仍然没有找到合适的安装包版本，那么可以拉到页面最下方，如图 1-3 所示。

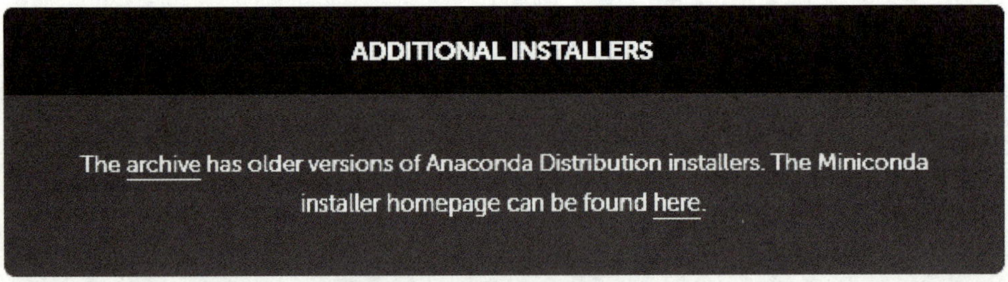

图 1-3 Anaconda 安装界面 2

点击"archive"能够查看所有版本的安装包，如图 1-4 所示。

在这个界面中，可以根据电脑的具体配置选择合适的版本。

比如，使用 Windows 7，那么安装 Anaconda3—3.5 的版本就可以顺利运行，如果安装太新的版本，可能会出现安装错误。

Index of /

Filename	Size	Last Modified	SHA256
.winzip/	-		\<directory\>
Anaconda3-2022.10-Linux-aarch64.sh	534.5M	2022-10-17 16:15:40	fbadbfae5992a8c96af0a4621262080eea44e22baee
Anaconda3-2022.10-Windows-x86_64.exe	621.2M	2022-10-17 16:15:39	38b9d53a579843fe41fd05fd3c4f9ac3887f580e7bd
Anaconda3-2022.10-Linux-x86_64.sh	737.6M	2022-10-17 16:15:39	e7ecbccbc197ebd7e1f211c59df2e37bc6959d081f2
Anaconda3-2022.10-MacOSX-x86_64.pkg	688.6M	2022-10-17 16:15:38	bd6147a59939009718ecc18ed6fd0cf1639dc1f1626
Anaconda3-2022.10-MacOSX-arm64.sh	472.5M	2022-10-17 16:15:38	200700077db8eed762fbc996b830c3f8cc5a2bb7d6b
Anaconda3-2022.10-MacOSX-x86_64.sh	681.6M	2022-10-17 16:15:37	dfcd1431a8206506799cb142b04d2db3be8a28671e5
Anaconda3-2022.10-Linux-s390x.sh	282.4M	2022-10-17 16:15:37	f5ccc24aedab1f3f9cccf1945ca1061bee194fa42a2
Anaconda3-2022.10-Linux-ppc64le.sh	360.0M	2022-10-17 16:15:37	8fdebc79f63b74daad421a2674d43299fa9c5007d85
Anaconda3-2022.10-MacOSX-arm64.pkg	484.1M	2022-10-17 16:15:36	4999ce8718c5d387940b1e213beb2c525e61eca94fd
Anaconda3-2022.05-MacOSX-arm64.sh	304.8M	2022-06-07 12:40:25	a12119931945a9a1453993582259cc67318a9a75a15
Anaconda3-2022.05-MacOSX-arm64.pkg	316.4M	2022-06-07 12:40:24	0140970944a3e6088be5995ef7ce8525c1b2f8d5080
Anaconda3-2022.05-Windows-x86_64.exe	593.9M	2022-05-10 13:22:02	2766eb102f9d65da36d262b651777358de39fbe5f1a
Anaconda3-2022.05-MacOSX-x86_64.pkg	591.0M	2022-05-10 13:22:02	e884c5c384d4e5723b7b0c9fcd9756bb48fa07f2de1

图 1-4 安装包选择界面

1.6 学习 Python 的社会责任

学习 Python 不仅是为了掌握一门编程语言，还是为了承担一定的社会责任。Python 作为一门广泛应用于各个领域的编程语言，将直接或间接地影响社会的发展和进步。因此，学习 Python 应该以社会责任为重，在学习和应用中注重以下几个方面。

1.6.1 尊重知识产权

在学习 Python 的过程中，我们应该尊重知识产权，这不仅是基本的道德规范，还是承担社会责任的表现。在学习 Python 编程技能的过程中，我们应该注重自主思考和创新，通过自己的努力和实践来掌握 Python 编程技能。在使用他人知识产权时，我们应该遵循知识产权法律规定，尊重他人的知识产权，避免侵犯他人的知识产权。

1.6.2　Python 应用于公益事业

Python 的应用不局限于商业领域,还可以应用于公益事业。例如,Python 可以用于社会公益项目的数据处理、数据分析,帮助政府和非营利组织更好地服务社会。Python 在经济管理领域的应用也是我们承担社会责任的重要内容之一,以下是一些扩展内容,以帮助学生更好地理解和实践 Python 在经济管理领域中的应用。

1.6.2.1　Python 在经济管理领域中的应用

Python 可以用于经济管理领域的数据处理、数据分析、数据建模等,帮助政府和企业更好地了解市场需求、优化资源配置和制定决策。例如,可以使用 Python 来分析销售数据,了解产品的销售情况和市场趋势,从而优化产品设计和制造;也可以使用 Python 来分析财务数据,帮助企业了解财务状况和风险,从而制定更加合理的财务策略。

1.6.2.2　Python 在经济管理领域中的案例

Python 在经济管理领域中的应用已经被广泛认可和应用,如谷歌和亚马逊等互联网公司在数据分析和决策制定方面广泛使用 Python。此外,Python 还可以应用于金融、保险、物流等领域的数据分析和决策制定。

1.6.2.3　Python 在经济管理领域中的前景

随着数据技术的飞速发展,Python 在经济管理领域中的应用前景广阔。Python 可以帮助政府和企业更好地了解市场需求、优化资源配置和制定决策,从而提高经济效益和社会效益。

1.6.3　关注数据隐私和信息安全

Python 在数据科学和人工智能领域的应用越来越广泛,同时也带来了许多数据隐私和信息安全的问题。数据泄露和滥用可能导致个人信息泄露、财产损失、声誉受损等问题,甚至导致社会不稳定和政治风险。因此,关注数据隐私和信息安全、注重数据的保护和安全、避免数据泄露和滥用,是必不可少的。学习 Python 时,应该掌握一些保护数据隐私和信息安全的方法和技巧,如可以使用加密技术保护数据的安全,在数据传输和存储过程中加强安全控制,避免数据泄露和滥用等。

1.6.4　推动数字化转型和智能化发展

Python 在数字化转型和智能化发展方面具有重要的作用。例如,可以使用 Python 开发人工智能算法,实现智能化决策和优化;也可以使用 Python 开发物联网应用,实现数字化管理和控制。数字化转型和智能化发展可以提高生产效率和资源利用效率,促进经济发展和社会进步,同时也可以提高生活品质和人民幸福指数。学习 Python 时,应该积极参与数字化转型和智能化发展,通过 Python 编程来解决实际问题,为社会的进步和发展作出贡献。例如,参加相关的开源社区和社交平台,分享经验和知识,参与开源项目和创新竞赛,践行数字化转型和智能化发展的理念和方法。

1.6.5 树立正确的价值观和社会责任意识

学习 Python 不仅是为了掌握一门编程语言,更是为了承担社会责任,应该树立正确的价值观和社会责任意识,在学习和应用中注重社会责任,为社会的发展和进步作出积极的贡献。例如,在开发人工智能算法时,应该考虑算法的公正性和透明度,避免算法歧视和不公,积极参与社会实践活动,发挥 Python 在社会实践中的作用,为社会创造价值。

第 2 章 Python 基础

知识导航

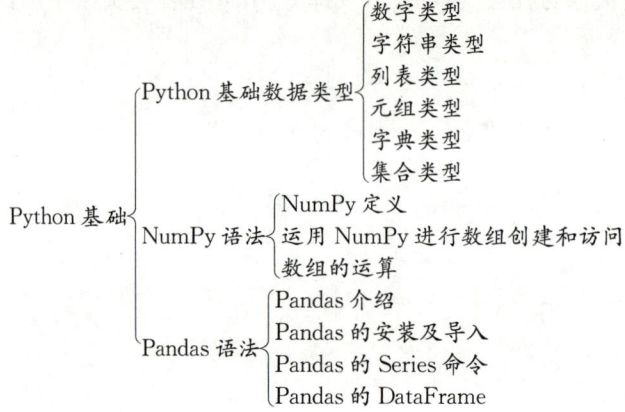

学习目标

1. 了解 Python 的基本工具包
2. 掌握 Python 工具包的基本应用方式
3. 学习 NumPy 的基本语法
4. 学习 Pandas 的基本语法

2.1 Python 基础数据类型

2.1.1 数字类型

在 Python 中,数字类型分为两种,即整数(int)和浮点数(float),整数是没有小数部分的数字,而浮点数则具有小数部分。

【示例 2-1】整数

```
1  # 整数
2  a = 10
3  print(a, type(a))
```

输出结果:

10 < class 'int'>

【示例 2-2】浮点数

```
1  # 浮点数
2  b = 10.0
3  print(b, type(b))
```

输出结果:

10.0 < class 'float'>

2.1.2 字符串类型

在 Python 中,字符串(str)是一组字符序列,可以使用单引号或双引号定义。字符串是不可变的,即一旦创建后无法更改。

【示例 2-3】字符串

```
1  # 字符串
2  c = "Hello, World!"
3  print(c, type(c))
```

输出结果:

Hello, World! < class 'str'>

2.1.3 列表类型

在 Python 中,列表(list)是一组有序元素的集合,可以包含数字、字符串和其他类型的数据,用方括号表示,每个元素之间用逗号分隔。列表是一个可变的序列,可以添加、删除和修改其中的元素。

【示例 2-4】创建列表

```
1  # 列表
2  d = [1, 2, 3, 4, 5]
3  print(d, type(d))
```

输出结果:

[1, 2, 3, 4, 5] < class 'list'>

继续添加代码:

```
5  # 修改列表
6  d[0] = 6
7  print(d)
```

输出结果:

[6, 2, 3, 4, 5]

继续添加代码:

```
 9  # 添加元素
10  d.append(6)
11  print(d)
```

输出结果:

[6, 2, 3, 4, 5, 6]

2.1.4 元组类型

在 Python 中,元组(tuple)与列表非常相似,也是一组有序元素的集合,但是它们是不可变的,用圆括号表示,元素之间用逗号分隔。

【示例 2-5】创建元组

```
1  # 元组
2  e = (1, 2, 3, 4, 5)
3  print(e, type(e))
```

输出结果:

(1, 2, 3, 4, 5) < class 'tuple'>

继续添加代码:

```
5  # 修改元组
6  e[0] = 6
```

这里演示会报错,因为元组是不可修改的。

2.1.5 字典类型

在 Python 中,字典(dict)是一组键值对的集合,每个键与一个值相关联,用花括号表示,键值对之间用逗号分隔。

【示例 2-6】创建字典

```
1  # 字典
2  f = {'name': 'Amy', 'age': 20, 'sex': 'female'}
3  print(f, type(f))
```

输出结果:

{'name': 'Amy', 'age': 20, 'sex': 'female'} < class 'dict'>

继续添加代码:

```
5  # 访问字典
6  print(f['name'])
```

输出结果:

Amy

继续添加代码:

```
8   # 添加键值对
9   f['address'] = 'China'
10  print(f)
```

输出结果:

{'name': 'Amy', 'age': 20, 'sex': 'female', 'address': 'China'}

2.1.6 集合类型

在 Python 中,集合(set)是一组唯一元素的集合,没有重复值,用花括号表示,元素之间用逗号分隔。

【示例 2-7】创建集合

```
1  # 集合
2  g = {1, 2, 3, 4, 5}
3  print(g, type(g))
```

输出结果:

{1, 2, 3, 4, 5} < class 'set'>

继续添加代码:

```
5  # 添加元素
6  g.add(6)
7  print(g)
```

输出结果：

{1, 2, 3, 4, 5, 6}

继续添加代码：

```
 9  # 移除元素
10  g.remove(6)
11  print(g)
```

输出结果：

{1, 2, 3, 4, 5}

以上就是 Python 的基础数据类型及其代码示例。对数据分析而言，这些是不可或缺的知识部分。

2.2 NumPy 语法

2.2.1 NumPy 定义

NumPy(Numerical Python)是 Python 用于维度数组和矩阵计算的科学计算基础包，是 Python 语言的一种开源的数值计算扩展，也针对数组运算提供大量的数学函数库，其主要特性如下：

(1) 数组矩阵是科学计算、机器学习的基础，NumPy 操作简单，避免大量循环。

(2) 底层基于 C 语言编写，性能好。

(3) 适合存储、计算图像、音频、视频等数据。

(4) 是 Python 生态系统的基础。

我们可以在 NumPy 的官方网站(https://numpy.org/)查看基于 NumPy 的相关软件，了解 Python 生态系统。

SciPy 是一个开源的 Python 算法库和数学工具包，其模块包含最优化、线性代数、积分、插值、特殊函数、快速傅里叶变换、信号处理与图像处理、常微分方程求解和其他科学与工程中常用的计算。

Matplotlib 是 Python 编程语言及其数值数学扩展包 NumPy 的可视化操作界面，为利用通用的图形用户界面工具包，如 Tkinter、wxPython、Qt 或 GTK+应用程序嵌入式绘图提供了应用程序接口(API)。

NumPy 是一个强大的数值计算库，它提供了丰富的数学和线性代数操作，而 SciPy

则在其基础上构建,提供了更多科学计算的功能,包括优化、信号处理、统计学等。同时,Matplotlib 是 Python 中一流的绘图库,用于创建高质量的图表和可视化。

将这些工具一起使用,能够提供高效的数值处理、科学计算和数据可视化,这使得它们在很多领域都得到了广泛的应用,尤其广泛应用于大型金融公司。与传统的 C++、Fortran 或 Matlab 相比,Python 的 NumPy、SciPy 和 Matplotlib 组合提供了更灵活、易读且快速的解决方案,其丰富的功能和开放源代码的特性也使得它们成为科学计算和数据分析领域的重要工具。

NumPy 可以通过多种方式安装,其中最常用的是包管理器,以下具体介绍安装 NumPy 的方法。

1)使用 pip 安装

打开命令行终端(或命令提示符)并运行以下命令:

```
1  pip install numpy
```

系统将自动下载并安装 NumPy 及其依赖项。

2)使用 Conda 安装

如果使用的是 Anaconda 发行版,也可以使用 Conda 进行安装。运行以下命令:

```
1  conda install numpy
```

Conda 会自动处理依赖关系,并安装适用于用户系统的 NumPy 版本。

3)使用包管理工具安装

有些操作系统提供了自己的包管理工具。例如,在 Ubuntu 系统中,可以使用 apt 进行安装,运行以下命令:

```
1  sudo apt-get install python3-numpy
```

4)使用 Jupyter Notebook 安装

在 Jupyter Notebook 代码单元格中输入以下命令:

```
1  !pip install numpy
```

点击单元格左侧的"运行"按钮或使用快捷键"Shift+Enter",系统会在 Jupyter Notebook 中安装 NumPy。请确保 Jupyter Notebook 环境与想要安装的 Python 环境相匹配。安装完成后,可以在 Jupyter Notebook 中导入 NumPy 并开始使用。

2.2.2 运用 NumPy 进行数组创建和访问

数组(array)是一种有序的元素序列,在 NumPy 中,能够通过数据类型 ndarray(n

division array,表示 n 维数组）构建一个 n 维数组类型,表示相同类型的"items"的集合。导入 NumPy 的代码如下：

```
1  # 导入 NumPy 包,这样才能使用它提供的对象和函数,按惯例命名为简写的 np
2  import numpy as np
```

2.2.2.1 使用 list 创建数据组 ndarray

我们将演示如何使用 Python 的 list 来初始化一个 NumPy 的 ndarray 对象。变量 a 是 NumPy 的数据对象,即 ndarray；print 语句用于输出结果。

【示例 2-8】使用整数创建 ndarray

```
1  import numpy as np
2  # 使用整数创建 ndarray
3  a = np.array([1, 2, 3])
4  # 打印结果到屏幕
5  print(a)
6  # 注意:在 ndarray 中,数据需要统一类型,而在 list 中则不要求统一数据类型
```

【示例 2-9】数据自动转换为统一类型

```
1  import numpy as np
2  # 演示数据自动转换为统一类型
3  a = np.array([1, 2, '3aaade'])
4  # 包含浮点数,所有元素都会自动转换为 float 类型
5  a = np.array([1, 2, 3.3])
```

2.2.2.2 使用 arange 函数创建数据组 ndarray

为了创建列表,NumPy 提供了类似于 Python 的 range 函数和 arange 函数,通过指定开始值、终值和步长,可以轻松创建一维数组,使用时需要注意数组不包括终值。

公式如下：

np.arange(start,end,step)

示例代码如下：

```
1  import numpy as np
2  # 创建整数序列的一维数组
3  a = np.arange(10, 30, 5)
4  # 创建包含浮点数的一维数组
5  b = np.arange(0, 2, 0.3)
```

arange 函数可以被视为 range 函数的数组版本,能够生成一个一维数组。我们可以使用 reshape 函数将一维数组改变成我们期望的形状,而原数组的形状保持不变。

【示例 2-10】创建步长为 2 的列表

```
1  a = np.arange(1,100,2)    # 步长为 2
2  print(a)
```

输出结果：

[1 3 5 7 9 11 13 15 17 19 21 23 25 27 29 31 33 35 37 39 41 43 45 47 49 51 53 55 57 59 61 63 65 67 69 71 73 75 77 79 81 83 85 87 89 91 93 95 97 99]

继续添加代码，修改数组形状：

```
4  # -1 表示对 a 重组，使其成为 5 行，列数自动计算，即 10/5= 2
5  a = a.reshape(5,-1)
6  print(b)
```

输出结果：

[[1 3 5 7 9 11 13 15 17 19]
 [21 23 25 27 29 31 33 35 37 39]
 [41 43 45 47 49 51 53 55 57 59]
 [61 63 65 67 69 71 73 75 77 79]
 [81 83 85 87 89 91 93 95 97 99]]

2.2.2.3 访问数组数据

1）一维数组的访问

对于一维数组的存取，数组元素的访问和截取可以采取切片操作：ndarray[start: end: step]。从 start 位置开始，到 end-1 截止，每次跳 step 步。

【示例 2-11】一维数组的访问

```
1  a= np.array(['P','y','t','h','o','n','k '])   # 每个元素是一个字符
```

输出结果：

array(['P', 'y', 't', 'h', 'o', 'n', 'k'], dtype= '< U2')

下面展示各种访问数据的方法：

```
1   # 一系列访问数据的操作
2   # 用整数作为下标可以获取数组中的某个元素
3   print(a[5])
4   # 用范围作为下标获取数组的一个切片，包括 a[3]，不包括 a[5]
5   print(a[3:5])
6   # 省略开始下标，表示从 a[0] 开始
7   print(a[:5])
8   # 下标可以使用负数，表示从数组末尾往前数
9   print(a[:-1])
10  # 下标还可以用来修改元素的值
```

```
11  a[2:4] = 100, 101
12  # 范围中的第三个参数表示步长,2 表示隔一个元素取一个元素
13  print(a[1:-1:2])
14  # 省略范围的开始下标和结束下标,步长为-1,整个数组头尾颠倒
15  print(a[::-1])
16  # 步长为负数时,开始下标必须大于结束下标
17  print(a[5:1:-2])
```

2) 多维数组的访问

多维数组的存取和一维数组类似,但由于多维数组具有多个轴,它的下标需要用多个值来表示。

【示例 2-12】多维数组的访问

```
1  c= np.array([[1,2,3],[4,5,6]])    # 使用列表 list 创建二维数组
```

输出结果:

```
array([[1, 2, 3],
       [4, 5, 6]])
```

继续添加代码:

```
3   # 访问第一行第二列的元素
4   print(c[0][1])    # 输出 2
5   # 访问第二行第三列的元素
6   print(c[1][2])    # 输出 6
7   # 访问整个第一行
8   print(c[0])     # 输出 [1 2 3]
9   # 访问整个第二列
10  print(c[:, 1])    # 输出 [2 5]
```

2.2.3 数组的运算

2.2.3.1 数组的简单运算

在 NumPy 中,对数组进行简单的运算(如加、减、乘、除等)非常方便。这些运算都是对应位置上的元素进行操作,因此也被称为元素级别的运算。

下面以加法为例,演示对应位置上的数据相加的操作。假设我们有两个一维数组 data 和 data1,分别包含了 1 和 2 两个元素,我们可以使用 NumPy 提供的加法运算符(+)来实现对应位置上的数据相加的操作。

【示例 2-13】加法

```
1  import numpy as np
2  data = np.array([1, 2])
```

```
3  data1 = np.ones(2)
4  # 对应位置上的数据相加
5  result = data + data1
6  print(result)
```

输出结果：

[2. 3.]

除了加法,在 NumPy 中进行乘法和除法运算也非常方便。同样是对应位置上的元素进行操作,分别使用乘法运算符(*)和除法运算符(/)即可。

下面以乘法和除法为例,演示对应位置上的数据相乘和相除的操作。假设我们有两个一维数组 data 和 data1,分别包含了 1 和 2 两个元素,我们可以使用 NumPy 提供的乘法运算符和除法运算符。

【示例 2-14】数组的乘法和除法运算

```
1  import numpy as np
2  data = np.array([1, 2])
3  data1 = np.ones(2)
4  # 对应位置上的数据相乘
5  result_mul = data * data1
6  # 对应位置上的数据相除
7  result_div = data / data1
8  print(result_mul)
9  print(result_div)
```

输出结果：

[1. 2.]
[1. 2.]

2.2.3.2　NumPy 统计运算

在 NumPy 中可以进行数据的描述统计,方便开展相关的数据分析。

【示例 2-15】数组的描述统计

```
1  import numpy as np
2  # 生成4行5列的连续数组
3  a= np.arange(20).reshape(4,5)
4  # 将原数组打印出来
5  print("原数组 a:\n",a)
6  # 计算元素之和
7  print("a 全部元素和为: ", a.sum())
8  # 计算数组的最大值
9  print("a 的最大值: ", a.max())
```

```
10   #  计算数组的最小值
11   print("a 的最小值: ", a.min())
12   #  计算数组的行最大值
13   print("a 每行的最大值: ", a.max(axis= 1))      #  axis= 1代表行
14   #  计算数组的列最大值
15   print("a 每列的最大值: ", a.min(axis= 0))      #  axis= 0代表列
16   #  计算行元素之和
17   print("a 每行元素的求和: ", a.sum(axis= 1))
18   #  计算行元素均值
19   print("a 每行元素的均值:",np.mean(a,axis= 1))
20   #  计算行元素标准差
21   print("a 每行元素的标准差:",np.std(a,axis= 1))
```

输出结果:

原数组 a:
[[0 1 2 3 4]
 [5 6 7 8 9]
 [10 11 12 13 14]
 [15 16 17 18 19]]
a 全部元素和: 190
a 的最大值: 19
a 的最小值: 0
a 每行的最大值: [4 9 14 19]
a 每列的最大值: [0 1 2 3 4]
a 每行元素的求和: [10 35 60 85]
a 每行元素的均值: [2 7 12 17]
a 每行元素的标准差: [1.41421356 1.41421356 1.41421356 1.41421356]

2.2.3.3 矩阵运算

【示例 2-16】矩阵的运算

```
1   import numpy as np
2   A =  np.array([[0,1], [1,2]])         #  数组
3   B =  np.array([[2,5], [3,4]])         #  数组
4   print("对应元素相乘:\n",A* B)
5   print("矩阵点乘:\n",A.dot(B))
6   print("矩阵点乘:\n",np.dot(A,B))      #  (M行, N列) *  (N行, Z列) =  (M行, Z列)
7   print("横向相加:\n",np.hstack((A,B)))
8   print("纵向相加:\n",np.vstack((A,B)))
```

输出结果:

[[0 1]
 [1 2]]
[[2 5]
 [3 4]]

对应元素相乘:
[[0 5]
 [3 8]]
矩阵点乘:
[[3 4]
 [8 13]]
矩阵点乘:
[[3 4]
 [8 13]]
横向相加:
[[0 1 2 5]
 [1 2 3 4]]
纵向相加:
[[0 1]
 [1 2]
 [2 5]
 [3 4]]

2.3 Pandas 语法

2.3.1 Pandas 介绍

Pandas 是基于 NumPy 的一种工具,其名称源自经济学中的术语面板数据(panel data)和 Python 数据分析的结合,是一个快速、强大、灵活且易于使用的开源数据分析和操作工具,构建在 Python 编程语言之上。Pandas 主要用于解决数据分析任务,为用户提供了完成数据处理和分析的五个典型步骤,包括加载、准备、操作、模型和分析。Pandas 在底层依赖于 NumPy 的功能,通过代码实现了类似 Excel 和数据库的基本功能,并提供了更丰富的分析函数。这使得 Pandas 在金融、经济、统计和其他学术与商业领域都得到了广泛的应用。其灵活性和功能强大的数据结构使得用户能够轻松处理和分析复杂的数据,同时提供了丰富的工具支持数据可视化和探索性分析。

Pandas 官网:https://pandas.pydata.org/。

2.3.2 Pandas 的安装及导入

我们可以使用包管理器(如 pip 或 Conda)安装 Pandas。以下是 Pandas 的几种安装方法。

1) 使用 pip 安装

打开命令行终端(或命令提示符),运行以下命令:

```
1  pip install pandas
```

2）使用 Conda 安装

如果使用 Anaconda 发行版，可以使用 Conda 进行安装。运行以下命令：

```
1  conda install pandas
```

3）使用 Jupyter Notebook 安装

在 Jupyter Notebook 中，可以直接在代码单元格中运行以下命令：

```
1  ! pip install pandas
```

或者使用 Conda 命令进行安装：

```
1  ! conda install pandas
```

运行代码单元格的方法是点击单元格左侧的"运行"按钮或使用快捷键"Shift+Enter"。安装完成后，就可以在 Jupyter Notebook 中导入 Pandas 并开始使用了。

习惯上，我们这样导入 Pandas：

```
1  import numpy as np
2  import pandas as pd
3  import matplotlib.pyplot as plt
4  from Pandas import Series,DataFrame
```

其中，Matplotlib 的安装方法与 Pandas 类似。

2.3.3 Pandas 的 Series 命令

Pandas 的 Series 命令能够创建具有索引的数列，这一数列具有列表和字典的特征，因为创建 Series 时，Pandas 会自动创建整型索引，值的类型会自动统一为同一类型的数据。

【示例 2-17】Pandas 创建数列

```
1  list1= [1,2,3,4]      # 创建一个 Python 的列表
2  series1= Series(list1)    # Pandas 的 Series,底层是基于 ndarray(n 维数列)管
                              理数据的,所以 list1 数据会转换为 ndarray
```

输出结果：

```
0    1
1    2
2    3
3    4
dtype: int64
```

其中的索引可以自定义。

【示例 2-18】Pandas 数列索引自定义

```
1  aa = pd.Series([3,51,5,2,6],index= ['a','b','c','d','e'])    # 自定义索引
```

输出结果：

```
a     2
b     5
c     7
d     9
e    11
dtype: int64
```

同时,可以通过代码对索引进行设定。

【示例 2-19】Pandas 数列索引设定

```
1  aa.index
2  # 对索引的某个具体的位置进行设定
3  aa.index[3]= 'q'
```

对于 Series 值的读取,可以通过索引或者位置进行读取。

【示例 2-20】Pandas 数列读取数据

```
1  aa['q']
2  aa[2]
3  aa[1:3]
```

2.3.4 Pandas 的 DataFrame

Series 只是一个一维数据结构,而 DataFrame 是由索引相同的 Series 构成的二维数据结构,与 Series 有所不同。DataFrame 有四个主要属性:DataFrame. index、DataFrame. columns、DataFrame. values、DataFrame. dtypes。DataFrame 可以被看作具有行索引和列索引的二维数组。

【示例 2-21】Pandas 创建 DataFrame

```
1  import pandas as pd
2  import numpy as np
3  # 生成一个时间类型的索引序列
4  aa = pd.date_range('20220101', periods= 4)
5  print(aa)
6  # 构造一个 DataFrame
7  df = pd.DataFrame(np.random.randn(4, 5), index= aa, columns= list('ABCDE'))
```

输出结果,如图 2-1 所示。

	A	B	C	D	E
2022-01-01	0.641883	-1.027781	0.925464	0.006206	0.835300
2022-01-02	0.619532	1.268945	0.394142	3.102448	1.964618
2022-01-03	-1.693212	-1.205267	-0.085540	-1.112083	-0.680148
2022-01-04	-1.693030	-1.024522	0.330639	1.266805	-0.766697

图 2-1　DataFrame 示例

也可以通过字典来创建包含不同类型数据的 DataFrame。

【示例 2-22】Pandas 通过字典型创建 DataFrame

```
1  aa= pd.DataFrame({'A':2.,
2                    'B':pd.Timestamp('20220101'),
3                    'C':pd.Series(2,index= list(range(4)),dtype= 'float32'),
4                    'D':np.array([4]* 4,dtype= 'int32'),
5                    'E':pd.Categorical(['a','b','c','d']),
6                    'F':'k'})
7  # 查看结果
8  aa
```

输出结果,如图 2-2 所示。

	A	B	C	D	E	F
0	2.0	2022-01-01	2.0	4	a	k
1	2.0	2022-01-01	2.0	4	b	k
2	2.0	2022-01-01	2.0	4	c	k
3	2.0	2022-01-01	2.0	4	d	k

图 2-2　DataFrame 不同类型示例

运用 DataFrame 可以实现一个重要功能,就是从 Excel 文件中读取数据。

实操案例　运用 Pandas 读取 Excel 数据并进行数据处理

1)获取数据和输出数据

```
1  aa= pd.read_excel('1.xls',head= 0)
2  aa
3  # 输出数据为 csv 格式
4  aa.to_csv('2.csv')
```

输出结果，如图 2-3 所示。

	证券代码	会计期间	IR-ROE	OPR	TAT	GRO
0	300001	2011-12-31	1.403787	1.406933	0.252485	0.645704
1	300002	2011-12-31	-0.263911	2.366820	0.197131	0.135226
2	300003	2011-12-31	-0.911289	4.420361	0.201913	-0.215415
3	300004	2011-12-31	-0.506122	1.620875	0.223110	-0.003448
4	300005	2011-12-31	-0.673302	1.239504	0.524974	0.197049

图 2-3　读取数据

2）查看数据

```
1  print(aa.head(2))    # 查看数据的头两行
2  aa.tail(2)           # 查看数据的尾两行，如果上一行不使用 print 命令，则只会给出本行
                        结果
```

输出结果，如图 2-4 所示。

	证券代码	会计期间	IR-ROE	OPR	TAT	
0	300001	2011-12-31	1.403787	1.406933	0.252485	0.645704
1	300002	2011-12-31	-0.263911	2.366820	0.197131	0.135226

	证券代码	会计期间	IR-ROE	OPR	TAT	GRO
61	300063	2011-12-31	NaN	0.530375	0.260896	NaN
62	300064	2011-12-31	NaN	2.689121	0.169382	NaN

图 2-4　查看数据

查看数据 aa 的相关内容：

```
1  print(aa.index)      # 索引
2  print(aa.columns)    # 列名
3  print(aa.values)     # 纯 NumPy 数据
```

输出结果：

RangeIndex (start= 0, stop= 63, step= 1)
Index(['证券代码','会计期间','IR-ROE', 'OPR', 'TAT','GRO'],
[[300001 '2011-12-31', 1.403787367507076, 1.406933055549916,
　0.25248464847511964, 0.6457035504361115]
　[300002 '2011- 12- 31', - 0. 2639109204306951, 2.3668197381324334,
　0.1971310265213918, 0.13522579317576067]

3）对数据的索引进行重新设置

```
1  aa.columns= aa.iloc[0]       # 设置列索引
2  aa.set_index('OPR')          # 设置行索引
```

4）对数据进行描述性统计

```
1  aa.describe()    # 该命令将返回数组的个数(count)、均值(mean)、标准差(std)、最
                      小值(min)、四分位数、最大值(max)
2  aa.sum()         # 默认按列,每一列一般是一种数据类型
3  aa.max(0)        # 横向
4  aa.mean(1)       # 只对数值型平均
```

5）查询数据

```
1  data= aa.query('OPR= = "0"')    # 根据条件查询
```

6）对数据进行转换

```
1  aa1= aa.T
```

7）对数据进行排序

```
1  print(aa.sort_index(axis= 0,ascending= False))      # 按照行或者列索引,轴
   axis= 0 表示行索引排序,axis= 1 表示列操作
2  print(aa.sort_values(by= 'OPR',ascending= True))    # by= 'OPR'表示按照列
   名为 A 的列进行排序,每一行是同时排序
```

8）数据截取或拼接

```
1  data= aa[['OPR','TAT']]     # 按照列名截取其中的两列
2  data= aa[0:3]               # 按照位置来取值截取其中的 3 列
3  data.index= pd.date_range('20220101',periods= 63)
4  print(data['20220101':'20220105'])    # 按照行索引来取值截取数据,注意如果索
   引是整型数字则无法使用该命令,将其转为日期索引
5  data.loc['2022- 01- 05']    # 按照标签(index 的名字,coloumn 的名字)截取数据
   的特定行
```

输出结果:

```
OPR    1.239504
TAT    0.524974
Name: 2022-01-05 00:00:00, dtype: float64
```

```
1  data.loc['2022- 01- 05','TAT']
```

输出结果:

0.5249738914821294

除了前面介绍的方法,还可以使用 iloc 命令进行截取。在 Pandas 中, iloc 是通过整数位置(索引)选择数据的方法。iloc 提供了类似于 NumPy 数组的索引和切片操作,允许根据位置选择数据。其语法如下:

```
data.iloc[row_index, column_index]
```

其中, row_index 和 column_index 是整数索引或切片,表示想要选择的行和列的位置。关于.iloc,可以按照排序获取数据的某一行:

```
1  data.iloc[3]
2  data.iloc[3:5,0:2]
3  data.iloc[:,1:3]    # 对列进行切片
4  data.iloc[1:3,:]    # 对行进行切片
```

另一个重要应用是利用布尔索引进行截取:

```
1  print(data[data.OPR< 0])     # 可以进行按照条件过滤数据
2  data1= data[data.OPR> 0]
3  print(data1[data1.TAT> 0])
```

数据的拼接:

```
1  print(pd.concat([data,aa]))    # 拼接
```

数据合并:

```
1  left= pd.DataFrame({'年龄':['15','16'],'身高 cm':[180,175]})
2  right= pd.DataFrame({'年龄':['15','17'],'体重 g':[120,130]})
3  print(left)
4  print(right)
5  print(pd.merge(left,right,on= '年龄',how= 'inner'))    # on 表示以哪个变量
   为标准进行合并,how 表示合并的方式,分别有 inner(交集)、left(保留左数据)、right
   (保留右数据)、outer(并集)
```

9) 处理缺失数据

Pandas 主要使用 np.nan 来表示缺失数据,这个值不会加入计算中。重新索引允许对某一轴的索引进行更改、添加、删除等操作。

```
1  print(data.dropna(how= 'all'))           # 这一行所有值都为空时删除
2  print(data.dropna(how= 'any'))           # 这一行有任意值为空时删除
3  print(data.dropna(how= 'any',axis= 1))   # 删除有空值的列
```

第 3 章
Python 数据获取、清洗以及常见的处理

```
                                    ┌ 数据获取
                                    │              ┌ 数据一致性的清洗
                                    │              │ 重复项处理
Python 数据获取、清洗以及常见的处理 ┤ 数据清洗 ┤ 缺失值处理
                                    │              └ 异常值处理
                                    │              ┌ 对数化
                                    └ 常见的数据处理 ┤
                                                   └ 标准化
```

1. 应用 Python 对原始数据进行预处理
2. 重点掌握数据清洗等多个环节的处理
3. 掌握数据处理的两种常见方式

3.1 数据获取

数据的获取是数据分析的第一步。熟练的数据分析技能要求能够根据分析的问题及目标，找到数据来源，在考虑数据采集的真实性、准确性和完整性的基础上，确定数据源并进行采集。

数据的获取方式包括非公开渠道获取和公开渠道获取两种。非公开渠道主要是指通过调查问卷数据、企业内部报表数据、政府内部系统数据等没有对外公开的渠道获取数据，由此获得的数据更加独特，能够满足特殊的数据分析需求，但可能遇到较为特殊的数据清洗问题。公开渠道主要是指通过公开的方式获取数据，包括政府网站、企业网站、公开数据库公布的数据信息，如国家统计局等政府网站、国泰安数据库、Wind 数据库等，如表 3-1 所示。在数据获取的过程中应当注意数据合法合规获取和使用。

表 3-1　公开的数据获取渠道

数据来源	网址
国家统计局	http://www.stats.gov.cn/
上市公司年报	http://www.cninfo.com.cn/new/index/
国泰安数据库	http://www.gtarsc.com/

示例：在经济管理数据分析中，经常需要对宏观经济数据进行整合分析，其中最常用的数据是国内生产总值。试一试对近 20 年的国内生产总值数据进行搜集。

通过浏览器进入国家统计局首页"http://www.stats.gov.cn/"，点击"数据查询"，进入国家统计局的数据链接"https://data.stats.gov.cn/"，如图 3-1 所示。

图 3-1　国家统计局网站

根据数据获取的要求，点击"年度数据"，进入年度数据窗口。在窗口左侧一系列数据指标菜单中，点击"国民经济核算"下的"国内生产总值"，在界面的右端可以看到近几年数据已经显示出来，在最右端选择所需的时间段，点击选择最近 20 年，点击上方"下载"，选择"Excel"，即可完成下载任务。

3.2　数据清洗

经济管理大数据分析中，数据的来源是多种多样的，各种数据的特征不一样，可能出现的数据缺陷可谓五花八门。因此，在开展正式的数据分析之前，有必要通过数据清洗识别数据文件中存在的错误,包括数据一致性的检查、重复项处理、缺失值处理、异常值处理等。完成数据清洗后,即视为数据准备完毕,能够开始进行数据分析。数据清洗过程中发现并纠正数据文件中可识别的错误为最后一道程序,包括检查数据一致性、处理无效值和缺失值等。

3.2.1 数据一致性的清洗

数据一致性的清洗主要针对数据的信息属性,即格式和内容是否符合同样的特征,如格式上包括时间、数值、格式及其他内容的不一致、不相符等情况的处理,数值之间的逻辑关系是否正常,某若干组数据之间是否存在一定的逻辑关系,数据之间的逻辑关系是否有必要在数据清洗中进行校正等。例如,文本与数据混合,使得数据处理出错,需要将数据统一类型,或者直接将文本数据删除。

3.2.2 重复项处理

数据中存在重复数据也是一个较为常见的现象,重复项的存在会使得数据分析产生偏误,因此需要检查是否存在重复项并予以剔除。在常见的 Pandas 语法中,常用 duplicated()方法来检测重复项,其命令如下:

```
1  DataFrame.duplicated(subset= None, keep= 'first')
```

其中,subset 表示识别重复项的列索引或列索引序列;keep 表示采用哪种方式保留重复项;first 表示仅保留重复项中第一次出现的数据。检查出重复项后,使用 drop_duplicates()方法删除重复值,其命令如下:

```
1  DataFrame.drop_duplicates(subset= None,keep= first,inplace= False,ignore_
     index= False)
```

其中,inplace 表示是否放弃副本数据,返回新的数据;inplace=True 表示放弃副本,更新原数据;ignore_index 表示是否对删除重复值后的对象的行索引重新排序,默认为 False。

其他格式问题,如在数据集中,不同位置的数据的时间格式不一致,可以考虑通过时间格式的相关代码进行调整,详见时间序列章节。

3.2.3 缺失值处理

对于缺失值,需要根据分析的需求进行具体的处理。如果数据体量比较大,可以考虑直接将缺失数据删除;如果数据较为重要或样本较小,往往可以考虑采用均值、中位数等方式进行补充;如果是连续时间序列的数据,可以考虑采用移动平均的方法进行补充。例如，对于时间序列数据，可以采用线性插值法对 DataFrame 对象中的缺失值进行插补，其命令如下：

```
1  DataFrame 名称.interpolate
```

缺失值也可以通过其他的数据进行推算，如企业盈余管理水平可以通过应急盈余管理和真实盈余管理的方法进行推算，或者通过多种模型结果的交叉补充相关数据。

实操案例　数据一致性及缺失值的清理

在本章实操案例中，数据分析的目的是考察企业偿债能力受应付账款影响的情况，需要简单收集两个变量的数据，这里采用流动负债代表偿债能力，即被解释变量，变量名为 Current liabilities，应付账款作解释变量，变量名为 Accounts payable。

1）加载并整理数据

在 Python 中加载需要用到的工具包。Python 常用的工具包有 Pandas、NumPy、Statsmodels、SciPy 和 Matplotlib。在 Python 中加载工具包的代码很简单，每次加载时只需重复使用以下代码：

```
1  import pandas as pd
2  import statsmodels.api as sm
3  import numpy as np
4  from scipy import stats
```

接着对原始数据进行处理。我们选取的解释变量与被解释变量在原始数据表格中已有，分别位于第 96 列和第 72 列，因此无需额外计算，节省了工作量。我们需要通过元数据，从 0 开始，人工标出每一列的行数。

使用 Pandas 读取 Excel 文件的语句，代码如下：

```
1  data= pd.read_excel('/FS.xls',header= None)
```

该语句的意义是将存放在 C 盘 desktop 目录下的"FS.xls"文件中的数据加载到 data 这个变量文件中，存放位置可以修改。因为给定数据集文件中的数据都是没有列名称的，每一列数据的含义需要其他文件说明，所以语句中 header＝None 表示第一行数据不是标题。

将加载好的数据赋值到 df 中，这一步是为了保护原始数据不被丢失，代码如下：

```
1  df= data
```

修改变量所在列的名称，将有意义的变量名添加到 df 中，代码如下：

```
1  # 重命名
2  df.rename(columns= {33:'Liquidasset',15:'Account'},inplace= True)
```

2)缺失值处理

本实操案例的数据样本较多,缺失值的存在对于分析结论的影响不大,因而直接运用语句去掉大量空值,代码如下:

```
1  dd = df[df['Current liabilities'].notnull()]
2  dd = dd[dd['Accounts payable'].notnull()]
```

需要注意的是,这一步需要在数据截取之后就运行,如果在存在缺失值的情况下运行其他代码,系统会直接报错。

3)重复项的检查

对于本实操案例的数据,可以使用上述代码检查是否存在重复项,并直接执行以下语句:

```
1  dd.duplicated()
```

输出结果:

```
0         False
1         False
2         False
56        False
57        False
          ...
65531     False
65532     False
65533     False
65534     False
65535     False
Length: 60867, dtype: bool
```

从结果来看,所有的数据均显示为False,即表示没有重复值,可以进行下一步处理。

4)数据格式不一致的处理

处理完缺失值之后,需要进一步检查是否存在数据格式不一致的问题。在代码窗口打出变量名称,观察数据的情况,代码如下:

```
1  dd
```

结果如图3-2所示。可以看出,在数据集中,存在两种数据,一种是文字类型的数据,另一种是数字类型的数据,如果不对数据进行处理,直接运行下一步的数据分析,仍然会出现报错的情况。

	0	1	2	3	4	5	6	7
0	Stkcd	Accper	Typrep	A001101000	A0d1101101	A0d1102000	A0d1102101	A0b1103000
1	证券代码	会计期间	报表类型	货币资金	其中:客户资金存款	结算备付金	其中: 客户备付金	现金及存放中央银行款项
2	没有单位	没有单位	没有单位	元	元	元	元	元
56	000001	2012-01-01	B	0	0	0	0	119945894000
57	000001	2012-01-01	A	0	0	0	0	160635236000
...	...	...	...	...	...	...	...	...
497	000005	2002-06-30	A	2.94711e+07	NaN	0	NaN	NaN

图 3-2　数据格式不一致示图

因此，我们需要去除数据中不需要的文字部分，使得数字类型统一，可执行如下语句：

```
dd= dd.exog.drop(index= 1)
```

或

```
dd= dd.exog.drop([0,1,2],axis= 0)
```

该语句的意思为清除第 0 行、第 1 行、第 2 行三行的数据，这三行的数据恰好均为文本数据，去除之后再观察数据的类型，避免再次出现该问题。此时，原始数据已经经过处理，可以进行数据分析，由此得到的数据为完成数据清洗的数据，即准备好的数据。

3.2.4　异常值处理

异常值主要包括数据集中的错误值、极值等情况。比如，关于数值的合理取值问题，部分数据超出正常的取值范围，如极值的出现可能影响数据分析结果的稳健性，可以通过作图进行查找并予以剔除或替换。另外也可以借助均值、方差等统计数值，考察数据的各个统计量是否异常。

如果要考察各个统计量指标是否正常，可以采用下述代码：

```
DataFrame.describe()
```

该代码可以计算数据的平均值、std 和 IQR 值(四分位距)等一系列统计信息，如果数据量太大，有时候该命令无法提供更多信息。比如，在本章实操案例中，可以采用该代码统计变量 Account 的相关数据指标，但是由于数据体量太大，需要添加以下代码以显示更多的统计信息：

```
1  # print(dd['Account'].describe())
2  # 计算数据加总
3  print(dd['Account'].sum())
4  # 计算数据标准差
5  print(dd['Account'].std())
6  # 计算数据的均值
7  print(dd['Account'].mean())
8  # 计算数据的最大值
9  print(dd['Account'].max())
10 # 计算数据的最小值
11 print(dd['Account'].min())
```

输出结果：

```
count         60864.0
unique        45017.0
top               0.0
freq           4968.0
Name: Account, dtype: float64
41105680942723.25
5364055546.06007
675369363.5436916
432414000000
- 3465799.92
```

此时，我们可以得到更多需要的信息。观察数据是否出现异常值，如果出现极大值或极小值，则予以剔除。

3.3 常见的数据处理

3.3.1 对数化

在经济管理数据分析中，经常需要对数据进行对数化的处理，主要目的如下：

（1）对数据进行对数化处理后，能够缩小数据的尺度，使得数据具有更多的可计算性，使数据的计算更加便利、数据的波动更加平稳，并且不会改变数据指标之间的关系。

（2）在经济管理数据分析中，通过取对数的处理，可以将数据本身的乘法计算转换为加法，如道格拉斯生产函数，如式(3-1)：

$$Y = A(t)L^{1-\alpha}K^{\alpha} \tag{3-1}$$

对数转换后，道格拉斯生产函数如式(3-2)：

$$\text{Ln}(Y) = \text{Ln}A + (1-\alpha)\text{Ln}L + \alpha\text{Ln}K \tag{3-2}$$

该转换将降低数据分析的复杂性。

(3) 在经济管理分析中,弹性概念可以在对数化的方程中获得相应的参数,根据式(3-2)建立线性方程,如式(3-3):

$$\text{Ln}(Y) = \beta + \beta_1 \text{Ln}L + \beta_2 \text{Ln}K \tag{3-3}$$

其中,β_1 正好满足式(3-4):

$$\beta_1 = \frac{\partial Y}{\partial L} \frac{L}{Y} \tag{3-4}$$

即得到 Y 对于 L 的弹性,通过对数化转换可以较为轻易地获得该参数。

(4) 通过对数化转换,数据将变得更加平稳,能够有效消除数据的异方差性,使得数据分析具备更加良好的特征。

尽管对数化的原理解释起来较为冗杂,但是在 Python 的处理中,对数化的操作是非常方便的。对数化可以通过以下代码实现:

```
1  data= np.log(data)
```

具体的应用详见后面的章节。

3.3.2 标准化

进行数据分析的时候,有时会涉及多个指标,并且各个指标的量纲并不相同,如身高和体重的计量单位不一样,没有直接比较的依据。经济管理中的宏观经济数据、微观经济数据及其他相关数据等涉及大量的指标,这些指标的计量单位、数量级等可能均没有共同特征。为了使数据分析能够在同一个标准下进行,特别是在建立模型估计后的参数能够更加直观的解释,有必要对数据进行标准化处理。

两个比较常用的标准化的方法分别是标准差标准化法和极差标准化法。

(1) 标准差标准化法的计算公式如式(3-5):

$$z = \frac{x - \text{mean}(x)}{\text{std}(x)} \tag{3-5}$$

其中,$\text{mean}(x)$ 表示均值,$\text{std}(x)$ 表示标准差。如果数据本身的变化特征比较符合正态分布,或者均值及标准差比较容易确定,可以采用该方法。运用该方法处理后的数值更加可比。

(2) 极差标准化法的公式如式(3-6):

$$s = \frac{x - \min(x)}{\max(x) - \min(x)} \tag{3-6}$$

其中，x 表示原始数据，s 表示标准化数值，$\min(x)$ 表示数据的最小值，$\max(x)$ 表示数据的最大值。通过这一转化，s 为处于 0 和 1 之间的数值，可以衡量数值 x 在整个自身的波动范围内所处的位置。该转化容易受到极大值和极小值的影响，如果数值中出现异常值，应当提前通过数据清洗清除异常值后再进行标准化。比较典型的例子是将 GDP 数据进行极差标准化，得到的标准化数值能够衡量整个经济水平处于自身周期波动范围内的位置，即周期性指标。

这里以标准差标准化法为例，构建标准化数值的代码：

```python
# 加载相关工具包
import pandas as pd
import statsmodels.api as sm
import numpy as np
from scipy import stats
import matplotlib.pyplot as plt
# 构建变量标准化处理函数
def standardize(x):
    z= (x- np.mean(x))/np.std(x)
    return z
# 将标准化后的数据存入 dz
dz= pd.DataFrame()
# 对变量数据逐列标准化，其中 data 表示数据集的名称
for i in data.columns:
    dz[i]= standardize(data[i])
```

第4章

Python 数据构图分析

知识导航

Python 数据构图分析
- Matplotlib 简介
  - 两个基本画图命令
  - 常见画图命令
- 图像要素
  - 线型
  - 标记符号
  - 常用颜色
- 画图类型

学习目标

1. 学会使用 Matplotlib 库的基本用法
2. 掌握绘图的基本要素
3. 学会绘制不同的画图类型

4.1 Matplotlib 简介

Matplotlib 是 Python 用于画图的绘图库,语法相对简单。Matplotlib 通过一套代码可以建立二维和三维的图像,生成散点图、折线图、功率谱、条形图、误差图等。在使用 Matplotlib 之前,我们需要预先安装 Matplotlib。如果使用的是 Anaconda,那么已经预先安装好了。安装 Matplotlib 的命令如下:

```
1  pip install matplotlib
```

如果在导入 Matplotlib 时,收到类似"无命名模块"和模块名称的错误,这意味着还需要安装该模块。安装成功后,需要在使用前先引入 Matplotlib,使用以下命令:

```
1  import matplotlib.pyplot as plt
2  % matplotlib inline
3  # 画的图在 Jupyter Notebook 里直接显示
```

此处导入集成的 Pyplot,我们将在整个系列中使用它。我们将 Pyplot 导入为 plt,这是使用 Pylot 的 Python 程序的传统惯例。

4.1.1 两个基本画图命令

导入该模块后,可以通过相关命令开始构图,这里需要介绍两个画图命令:

```
1  # 构建画布,如果输出结果只显示图像的信息而不出现具体的图像,可能是没有创建画布
2  plt.figure(1)
```

这里的 figure 命令主要用于创建画布,公式如下:

$$figure(num=None, figsize=None, dpi=None, facecolor=None, edgecolor=None, frameon=True)$$

其中,num:指定图像编号或名称,数字为编号,字符串为名称。

figsize:指定 figure 的宽和高,单位为英寸。

dpi:指定绘图对象的分辨率,即每英寸多少个像素,缺省值为 80。1 英寸等于 2.5 cm,A4 纸是 21 cm×30 cm 的纸张。

facecolor:背景颜色。

edgecolor:边框颜色。

frameon:是否显示边框。

在对画布进行设置的基础上,可以运用 plot 命令实现画图功能:

```
1  plt.plot
```

这里的 plot 命令主要用于画图,公式如下:

plt.plot(*args, scale$x$=True, scale$y$=True, data=None, **kwargs)

其中,

x,y:数据点的水平/垂直坐标,指定 x 轴和 y 轴数据。

fmt:格式字符串,如红色圆圈可表示为"ro"。

data:可索引对象,可选。

其他的参数包括:

scale$x$、scale$y$:布尔型,可选,默认为"True"。这些参数确定视图限制是否适合于数据限制。

kwargs:Line2D 类属性,可选。kwargs 用于对标签(如线型)指定相关属性,如线宽、标记面颜色等。

4.1.2 常见画图命令

构建图像时,可以通过一些基本的绘图代码,对图像的各个要素进行设置,构建更加完整的图像。

如对于图像的基本要素,可以采用以下命令进行设置:

```
1  plt.xlim(0,100)           # 设置 x 轴最大最小刻度
2  plt.ylim(-1,100)          # 设置 y 轴最大最小刻度
3  plt.title('This is a Title')   # 设置图片标题
4  plt.xlabel('aaaaa')       # 设置 x 轴名字
5  plt.ylabel('aaaaa')       # 设置 y 轴名字
6  plt.legend(['Float'],ncol=1,frameon=False)   # 设置图例,这里包括设置列
   数、去掉边框
```

对于图像中的显示文字,可以通过以下命令进行更改:

```
1  plt.text(2,3,'string')    # 在坐标 x 轴、y 轴处加入文字注释 string
2  plt.rcParams['font.sans-serif'] = ['SimHei']   # 让图形显示中文
3  plt.rcParams['axes.unicode_minus'] = False    # 让图形显示负号
4  plt.gca().set_xticklabels('kkkkk', rotation=50, fontsize=16)   # 指定在
   刻度上显示的内容,前 5 个刻度每个刻度均显示"k",rotation 表示旋转的角度,
   fontsize 为字体
```

对于已经生成的图像,可以通过以下命令进行截取和保存:

```
1  fig= plt.gcf()            # 获取当前 figures
2  plt.savefig(path, dpi=600)   # 保存图片,dpi 可控制图片清晰度
```

还可以通过以下命令构建子图:

```
1  a= plt.subplot(4,1,1)     # 构建子图
```

【示例 4-1】画图

```
1  plt.figure(1)
2  plt.plot(np.random.rand(10))
3  plt.show()
```

输出结果,如图 4-1 所示。

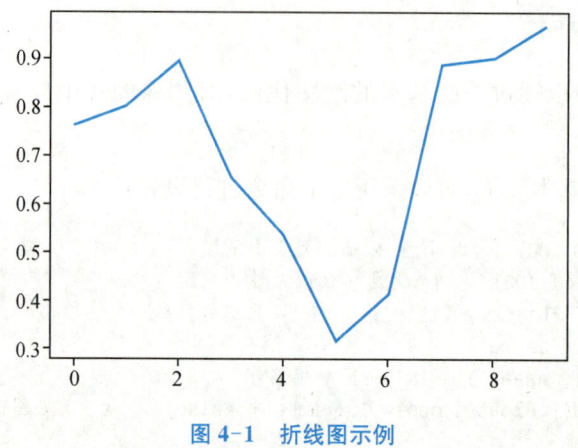

图 4-1　折线图示例

4.2　图像要素

4.2.1　线型

运用 plot 命令画图时,需要对线型进行设置,四种最基本的线型如表 4-1 所示。

表 4-1　基本线型

符号	含义
:	点线
—	实线
—.	点横线
——	虚线

【示例 4-2】线型

```
1  plt.plot([1, 2, 3], [1, 2, 3], '- ', label= '1', linewidth= 2)    # 这里"- "表
   示实线,linewidth= 2 表示线宽
```

输出结果,如图 4-2 所示。

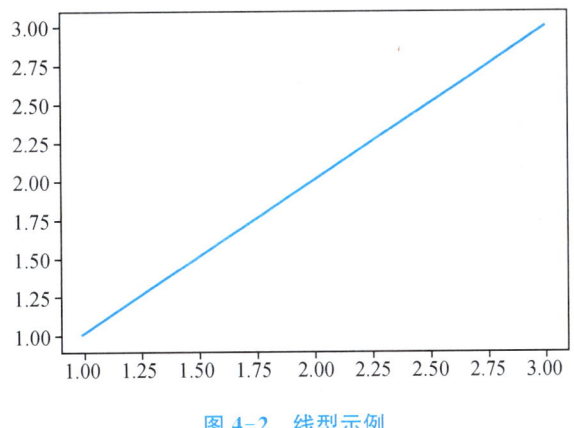

图 4-2 线型示例

4.2.2 标记符号

标记符号(marker),即线的各个端点的符号,基本的标记符号代码如表 4-2 所示。

表 4-2 标记符号表

符号	含义	符号	含义
.	point	s	square
,	pixel	p	pentagon
o	circle	P	plus(filled)
v	triangle_down	*	star
^	triangle_up	h	hexagon1
<	triangle_left	H	hexagon2
>	triangle_right	+	plus
1	tri_down	x	x
2	tri_up	X	X(filled)
3	tri_left	D	diamond
4	tri_right	d	thin_diamond

【示例 4-3】标记符号

对[示例 4-2]的代码稍作修改,可以增加标记的类型:

```
1  plt.plot([1, 2, 3], [1, 2, 3], '-', label= '1', linewidth= 2,marker= 'P',
    markersize= 10)     # marker= 'P'表示采用"+"标记,markersize= 10表示标记
    大小
```

输出结果,如图 4-3 所示。

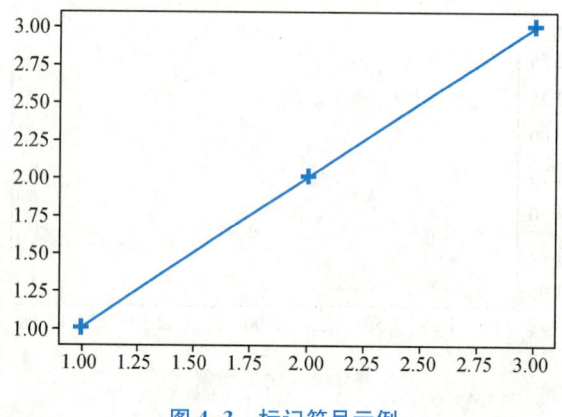

图 4-3　标记符号示例

4.2.3　常用颜色

在 Python 画图命令 plt 下,能够通过不同的指定颜色的方法,设定线型和标记的颜色。已有的指定方式共 8 种,主要方法如下:

(1) 使用颜色首字母。常用的绘图颜色标记列表如表 4-3 所示。

表 4-3　绘图颜色标记表

代码	颜色
b	蓝色
g	绿色
r	红色
c	蓝绿色
m	红紫色
y	黄色
k	黑色
w	白色

(2) 使用 RGB/RGBA 颜色模式,将每个在 0 到 255 之间的颜色分量除以 255,得到 [0,1] 之间的浮点数值表示颜色值。

(3) 使用十六进制字符串表示颜色的三种颜色分量。例如,"♯FF1493"表示红色分量为 FF,绿色分量为 14,蓝色分量为 93,组合形成深粉色(deep pink)。

(4) 使用 X11/CSS4 的颜色名称。例如,"deepskyblue"相当于十六进制的"♯00BFFF",即深天空蓝。

【示例 4-4】颜色调整为蓝色

对[示例 4-3]的代码稍作修改,可以对颜色进行调整。将颜色调整为蓝色的命令如下:

```
1  plt.plot([1, 2, 3], [1, 2, 3], 'b-', label= '1',linewidth= 2,marker= 'P',markersize= 10)
2  # 用以下命令也可以得到同样结果
3  plt.plot([1,2,3],[1,2,3],'-',color= 'b',label= '1',linewidth= 2,marker= 'P',markersize= 10)
4  # 或者采用十六进制的方法
5  plt.plot([1,2,3],[1,2,3],'-',color= '# FF1493',label= '1',linewidth= 2,marker= 'P',markersize= 10)
```

输出结果,如图 4-4 所示。

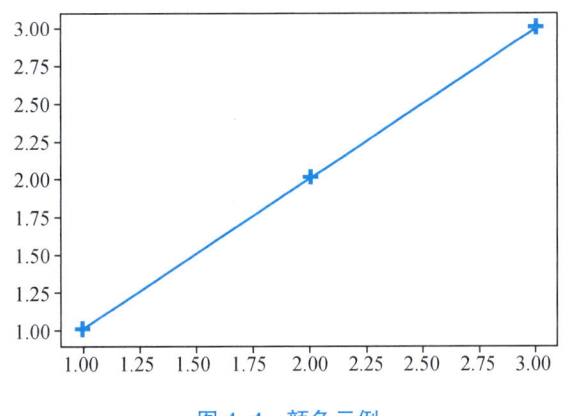

图 4-4 颜色示例

4.3 画图类型

对于不同类型的数据,需要不同类型的图进行描述,这里列出几种主要的画图类型代码,如表 4-4 所示。

表 4-4 画图类型表

代码	类型
scatter	散点图
bar	柱状图
plot	折线图

(续表)

代码	类型
hist	概率分布直方图
pie	饼图

使用 Python 的 Matplotlib 库可绘制各种图形。这里随机生成数据进行实操,展示不同类型的图形和展示数据的不同方式。这里使用 NumPy 库生成了一个长度为 100 的 x 轴数据和一个 $\sin(x)$ 的值作为 y 轴数据,并使用 Matplotlib 库分别绘制折线图、散点图、直方图、饼图和条形图。

【示例 4-5】画图

```
1  import numpy as np
2  import matplotlib.pyplot as plt
3  # 生成随机数据
4  x = np.linspace(0, 2* np.pi, 100)    # 生成一个从 0 到 2π 长度为 100 的序列
5  y = np.sin(x)    # 计算 sin(x) 的值
6  # 折线图
7  fig, ax = plt.subplots(figsize= (8, 6))    # 创建一个大小为 8x6 寸的图形对象
8  ax.plot(x, y, label= 'sin(x)', color= 'blue', linewidth= 2)    # 绘制 sin(x) 的折线图,指定线条颜色为蓝色,线条宽度为 2
9  ax.set_xlabel('x')    # 设置 x 轴标签
10 ax.set_ylabel('sin(x)')    # 设置 y 轴标签
11 ax.set_title('Sinusoidal Function')    # 设置标题
12 ax.legend(loc= 'upper left')    # 添加标签
13 plt.show()    # 显示图形
```

输出结果,如图 4-5 所示。

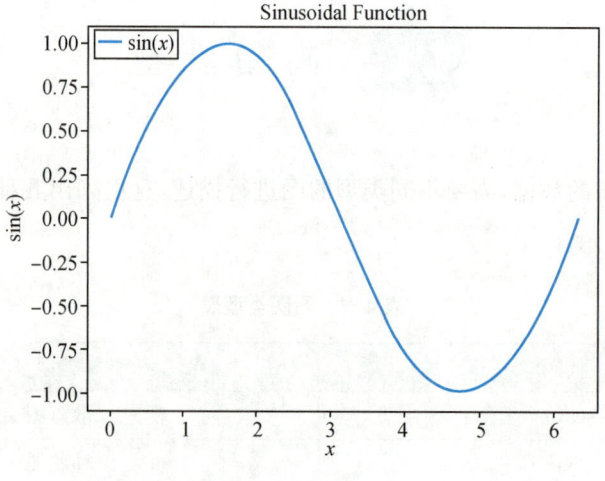

图 4-5 折线图示例

继续添加代码,修改为散点图:

```
1  # 散点图
2  fig, ax = plt.subplots(figsize= (8, 6))
3  ax.scatter(x, y, label= 'sin(x)', color= 'red', marker= 'o')    # 绘制sin
   (x)的散点图,指定标记为圆形,颜色为红色
4  ax.set_xlabel('x')
5  ax.set_ylabel('sin(x)')
6  ax.set_title('Sinusoidal Function')
7  ax.legend(loc= 'upper left')
8  plt.show()
```

输出结果,如图 4-6 所示。

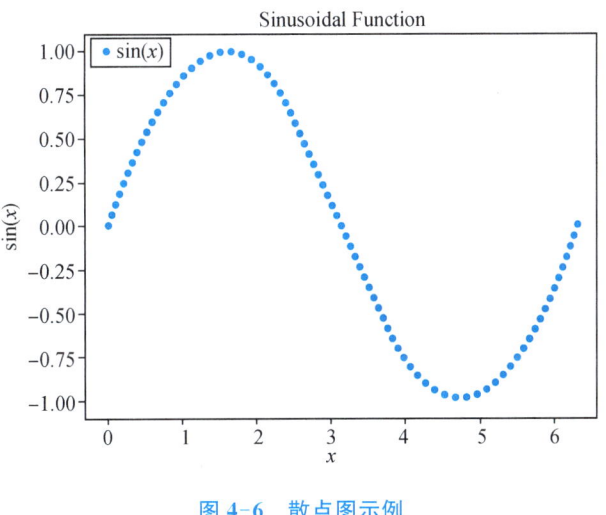

图 4-6　散点图示例

继续添加代码,修改为直方图:

```
1  # 直方图
2  data = np.random.normal(0, 1, 1000)    # 生成1000个标准正态分布随机数
3  fig, ax = plt.subplots(figsize= (8, 6))
4  ax.hist(data, bins= 50, color= 'green', alpha= 0.5)    # 绘制直方图,指定颜色
   为绿色,透明度为 0.5
5  ax.set_xlabel('Value')
6  ax.set_ylabel('Frequency')
7  ax.set_title('Histogram of Normal Distribution')
8  plt.show()
```

输出结果,如图 4-7 所示。

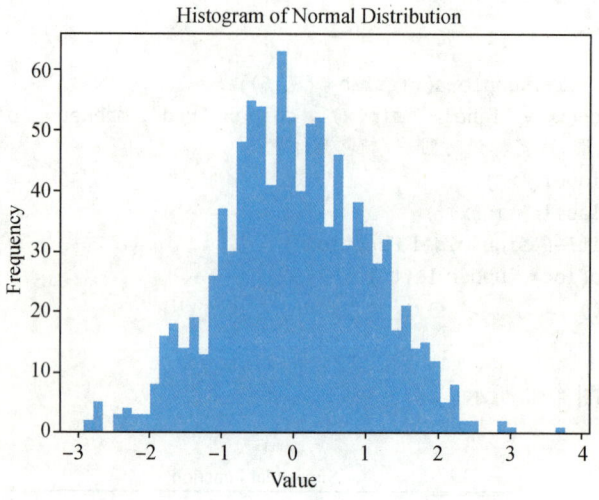

图 4-7 直方图示例

继续添加代码,修改为饼图:

```
1  # 饼图
2  sizes = [20, 30, 50]    # 设置每个扇形的大小
3  labels = ['A', 'B', 'C']    # 设置每个扇形的标签
4  fig, ax = plt.subplots(figsize= (8, 6))
5  ax.pie(sizes, labels= labels, startangle= 90, shadow= True, autopct= '% 1.
    1f% % ')    # 绘制饼图,指定起始角度为90,阴影效果,数值显示格式
6  ax.axis('equal')    # 设置坐标轴比例相等
7  ax.set_title('Pie Chart')
8  plt.show()
```

输出结果,如图 4-8 所示。

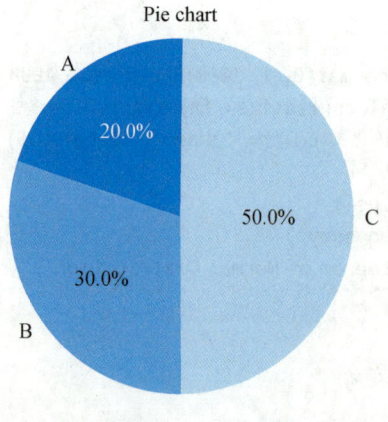

图 4-8 饼图示例

继续添加代码,修改为条形图:

```
1  # 条形图
2  x = ['A', 'B', 'C', 'D', 'E']
3  y1 = np.random.randint(0, 50, size= 5)    # 生成长度为5的随机整数数组,作为
   第一组数据
4  fig, ax = plt.subplots(figsize= (8, 6))
5  ax.bar(x, y1, width= 0.4, color= 'blue', label= 'Group 1')    # 绘制第一组数
   据的条形图,指定宽度、颜色和标签
6  ax.set_xlabel('Category')    # 设置x轴标签
7  ax.set_ylabel('Value')    # 设置y轴标签
8  ax.set_title('Bar Chart')
9  ax.legend()
10 plt.show()
```

输出结果,如图4-9所示。

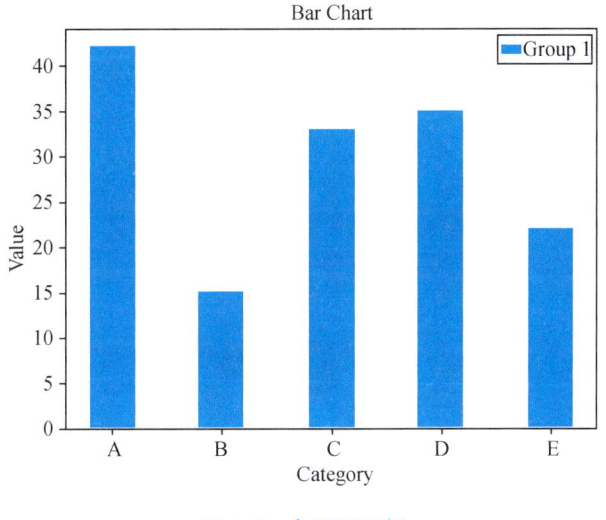

图 4-9　条形图示例

关于图形的调整,各类图形使用的参数不同。对于折线图和散点图,我们使用 plot 和 scatter 函数分别绘制。在绘制折线图时,使用 set_xlabel、set_ylabel 和 set_title 函数设置 x 轴、y 轴标签和图形标题,使用 legend 函数添加标签,使用 fig, ax 对象来控制图形大小。在散点图中,使用 scatter 函数、marker 参数指定标记形状,使用参数 color 来指定颜色等。对于直方图,使用 hist 函数进行绘制,使用 bins 参数来指定直方图的柱子数量,使用 alpha 参数指定透明度等。对于饼图,使用 pie 函数进行绘制,使用 startangle 参数指定起始角度,使用 autopct 参数指定数值显示格式,使用 axis 函数来确保饼图是一个圆形,使用 shadow 参数指定阴影效果等。对于条形图,使用 bar 函数进行绘制,使用 width 参数控制条形宽度,使用 color 参数指定颜色,使用 label 参数添加

标签，使用 legend 函数添加图例，使用 set_xlabel、set_ylabel 和 set_title 函数设置 x 轴。
以构建饼图为例，其具体命令如下，包含了许多可调整的参数：

```
1  plt.pie(x, explode= None, labels= None, colors= None, autopct= None,
   pctdistance= 0.6, shadow= False, labeldistance= 1.1, startangle= 0, radius
   = 1, counterclock= True, wedgeprops= None, textprops= None, center= (0, 0),
   frame= False, rotatelabels= False, * , normalize= True, data= None)
```

【示例 4-6】图形调整

```
1  import numpy as np
2  import matplotlib.pyplot as plt
3  a = [1,2,3,4,5,6]
4  plt.pie(a)
5  plt.show()
```

输出结果，如图 4-10 所示。

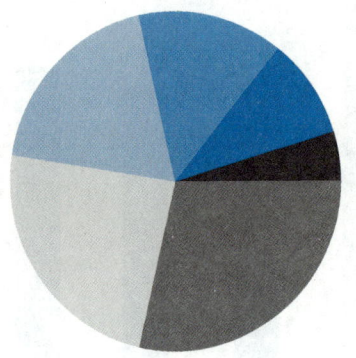

图 4-10　饼图示例

在此基础上，可以运用其参数进行更多的设置：

```
1  # 显示中文和负号
2  plt.rcParams['font.family'] = 'SimHei'
3  plt.rcParams['axes.unicode_minus']= False
4  # 添加标签
5  labels= ['x1','x2','x3','y1','y2','y3']
6  # 添加颜色
7  colors = plt.get_cmap('Oranges_r')(np.linspace(0.1,0.9,len(a)))
8  # 添加百分比
9  autopct= '% 1.1f% % '
10 plt.pie(a,labels= labels,colors = colors,autopct= '% 1.1f% % ')
11 plt.show()
```

输出结果，如图 4-11 所示。

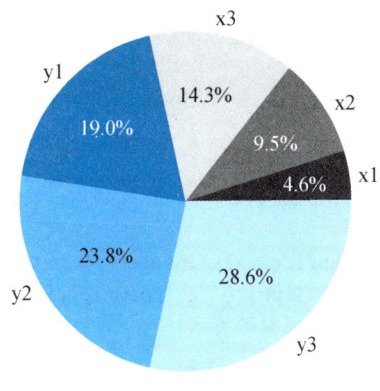

图 4-11　饼图示例 2

继续添加代码,添加阴影和旋转角度：

```
1  # 添加阴影
2  plt.pie(a,explode= (0.1,0.1,0.1,0.1,0.1,0.1),shadow= True)
3  # 添加旋转角度 startangle= 90
4  plt.pie(a,explode= (0.1,0.1,0.1,0.1,0.1,0.1),shadow= True,startangle= 90)
```

输出结果,如图 4-12 所示。

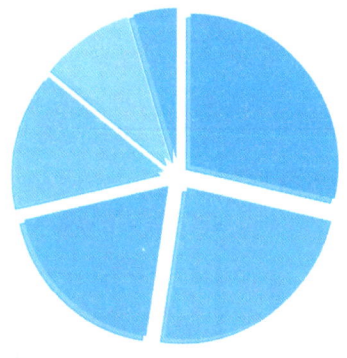

图 4-12　饼图示例 3

实操案例　房价与房间数量的关系分析

在经济管理分析中,经常使用画图工具,寻找数据之间的关系。例如,房价是一个普遍关注的问题,这里讨论微观的房价及房间数量之间的关系。房间数量越多,房价(每平方米的价格)是否越高这一问题值得关注,使用实证模型分析该问题即变为两者关系是线性还是非线性,对于该问题,可以首先进行构图分析。具体代码如下：

```
1   # 房价与房间数量的关系图
2   # 引入相关模块
3   import pandas as pd
4   import statsmodels.api as sm
5   import numpy as np
6   from scipy import stats
7   import matplotlib.pyplot as plt
8   # 读取数据并修改名字
9   data= pd.read_excel('hprice2.xls',header= None)
10  data.rename(columns= {8:'lprice',2:'rooms',},inplace= True)
11  # 绘制散点图——房价与房间数的关系
12  # 让图形显示中文及负号
13  plt.rcParams['font.sans- serif']= ['SimHei']
14  plt.rcParams['axes.unicode_minus'] = False
15  # 设置刻度
16  plt.xlim(xmax= 10,xmin= 3)
17  plt.ylim(ymax= 11,ymin= 8)
18  # 设置 x 轴刻度
19  plt.xticks([1,2,3,4,5,6,7,8,])
20  # 设置 y 轴刻度
21  plt.yticks([7.0,7.5,8.0,8.5,9.0,9.5,10.0])
22  plt.xlabel('Number of Rooms')
23  plt.ylabel('Log(price)')
24  plt.scatter(data.rooms,data.lprice,c= 'blue')
25  plt.show()
```

输出结果,如图 4-13 所示。

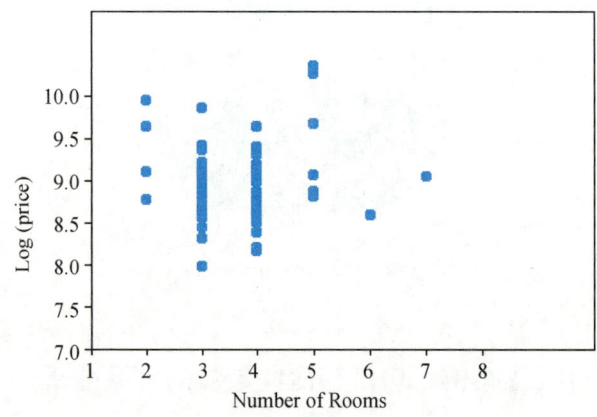

图 4-13 房价与房间数量关系图

观察图 4-13 结果,可以发现房间数量与房价并不存在典型的线性关系。

在经济管理数据分析及建模过程中,往往需要构图观察数据的线性或非线性特征,从而提前预判可能存在的相关关系或因果关系。上述构图基础代码能够为经济管理分析提供必要的基本分析能力。另一个常见的构图用途是异常值分析,继续以本章实操案例为例,构建房价的单变量折现图,观察是否出现异常值,即特别大或特别小的数值,或超出趋势范围的数值。其具体命令如下:

```
1  plt.plot(data.lprice,c= 'blue')
```

输出结果,如图 4-14 所示。

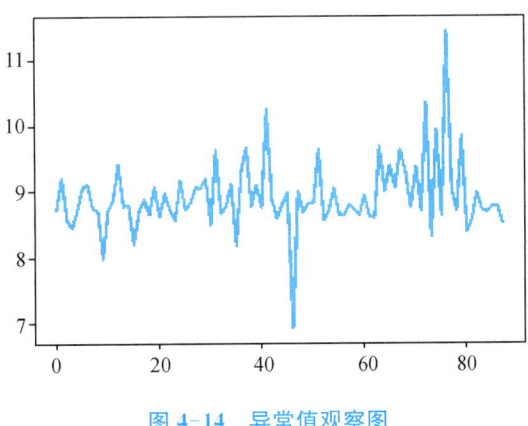

图 4-14 异常值观察图

观察图 4-14 的曲线可以发现有两个点是比较突兀的,分别低于 7 和高于 11,因而在进行数据分析时,可以考虑从数据集中将这两个样本删去。

第 5 章

Python 经济管理比率分析

知识导航

Python 经济管理比率分析
- 单指标变化率计算
  - 宏观时间序列视角下的增长率
  - 微观企业面板视角下计算增长率指标
- 多指标比率计算
  - 时间序列下的比率指标计算
  - 截面数据的比率指标计算
  - 面板数据的比率指标计算
  - 不同类型数据的转化

学习目标

1. 学会时间序列下的增长指标计算
2. 学会截面数据的比率指标计算
3. 学会面板数据下的指标计算
4. 运用 Python 进行企业财务比率分析

5.1 单指标变化率计算

在处理经济金融、财务管理等宏微观层面数据时，经常会用到的分析方法是比率分析。其中，衡量单变量的变化比例称为增长率分析，在数理学上，表现为某一时间段的增量与基期增量的比值，如式(5-1)：

$$\text{Growth}_t = \frac{x_t - x_{t-1}}{x_{t-1}} = \frac{\Delta x}{x_{t-1}} \tag{5-1}$$

这里的 Growth_t 表示 t 期的增长率，一般而言，包括环比和同比两个概念。环比增长率表示当期和上期相比的增长率，此时 t 表示月份或者季度；同比增长率表示当期和去年同期相比的增长率,此时 t 表示年份。

5.1.1 宏观时间序列视角下的增长率

宏观时间序列分析是一种经济学和统计学的方法,用于研究一系列经济变量随时间的变化趋势和关系。宏观时间序列数据通常包括国家或地区的经济指标,如国内生产总值(GDP)、通货膨胀率、失业率、消费者物价指数(CPI)、货币供应量等。这些指标通常以季度或年度为单位进行发布。

【示例 5-1】模拟生成 GDP 数据

```
1   # 加载工具包
2   import numpy as np
3   import pandas as pd
4   import matplotlib.pyplot as plt
5   # 生成随机的 GDP 数据
6   gdp = np.random.normal(loc= 5000, scale= 1000, size= 20)
7   gdp = np.cumsum(gdp)
8   # 将数据转换为 DataFrame 格式
9   data = pd.DataFrame({'GDP': gdp}, index= pd.date_range(start= '2020- 01- 01', periods= 20, freq= 'M'))
10  # 绘制 GDP 随时间的变化趋势图表
11  plt.plot(data['GDP'], label= 'GDP')
12  plt.title('GDP over Time')
13  plt.xlabel('Quarter')
14  plt.ylabel('Value')
15  plt.legend()
16  plt.show()
```

输出结果,如图 5-1 所示。

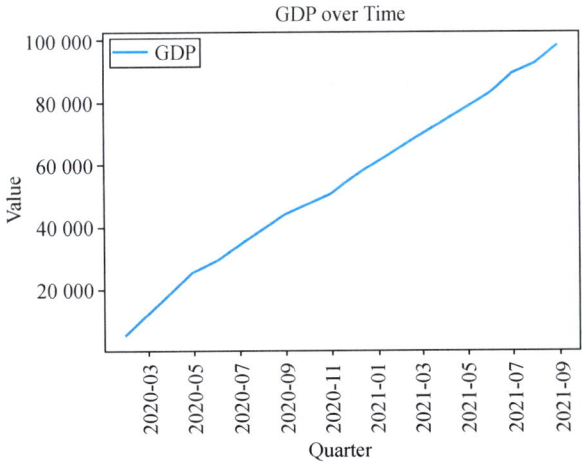

图 5-1 模拟生成 GDP 数据

从图 5-1 中可以看出，宏观时间序列数据是在时间轴上收集的数据，它们通常按照时间顺序排列，并且它们的值随着时间的推移而变化。

在经济管理领域中，学界与业界均广泛地运用宏观经济数据对关注指标的变化趋势进行分析，观察其增长率的发展情况。运用 Python 相关工具可以便捷地实现经济管理分析报告的可视化。

对宏微观数据进行单变量比率分析即增长率的分析，需要对时间序列数据进行排序：

```
1  data.sort_values(by= ,ascending= )
```

其中，by=[]可对单个键或者多个键同时进行排序，排序时将扩展到其他数据，默认升序，ascending=False 表示降序，ascending=True 表示升序。

由于计算增长率需要对两期数据进行比率分析，将上一期数据迁移：

```
1  data.shift(1)
```

这里表示将数据 data 向前迁移 1 个时间单位。迁移后即可进行增长率数据的计算：

```
1  growth = data/data.shift(1) - 1
```

这里用两期数据比率减去 1 将会得到增长率数据，由此可以对指标增长趋势进行分析。

计算完增长率后，可以进一步计算其累计增长率。使用 cumprod() 累乘函数，将每一项的值相乘。

在宏观时间序列分析中，单指标变化率的分析是一个基础分析，这里对真实的 GDP 和非金融企业部门杠杆率、增长率进行分析。GDP 和非金融企业部门杠杆率均是常用的宏观经济指标。为了考察两者的增长趋势，这里采用 1994—2022 年的 GDP 数据和非金融企业部门杠杆率季度宏观数据：具体代码如下：

```
1   # 导入 Pandas 命名为 pd
2   import pandas as pd
3   # 导入 Statsmodels.api 命名为 sm
4   import statsmodels.api as sm
5   # 导入 NumPy 命名为 np
6   import NUMPY as np
7   # 从 Scipy 里导入 stats 函数
8   from scipy import stats
9   # 数据集加载
10  data = pd.read_excel("GDP和非金融企业部门杠杆率.xlsx")
11  # 查看数据末端观察是否出现异常值
12  data.tail()
```

输出结果,如图5-2所示。

	指标名称		GDP:不变价:当季值	非金融企业部门杠杆率
107	2022-03-31	00:00:00	256322.1	158.9
108	2022-06-30	00:00:00	268875.2	161.3
109	2022-09-30	00:00:00	288632.2	161.8
110			NaN	NaN
111			NaN	NaN

数据来源:Wind

图 5-2　查看异常值

不难发现数据的第 110 行、第 111 行为 NaN 值或 String 类型,进行数据分析时需要删去,具体代码如下:

```
1   data.dropna(axis = 0)    # axis= 0表示对存在空值的行进行删除
2   data.shape    # 观察数据的维度情况
3   # 对指标进行排序,时间从小到大(ascending = True)
4   data.sort_values(by= '指标名称')
5   data.head(10)
6   # 计算增长率:使用公式计算
7   lev = data['非金融企业部门杠杆率']
8   lev.head()
9   # shift(1)表示将数据向后移动一个单位的距离,即当天的值为原数据上一天的值,因此原来的第一个值为NaN
10  lev.shift(1).head()
11  # 用第二个时间点的指标除以第一个时间点的指标再减去1,得到增长率
12  growth = lev/lev.shift(1) - 1
13  # 如果是对数形式,则采用以下指标
14  # growth = np.log(lev/lev.shift(1))
15  growth.head()
16  # 删除第一个指标的缺失值
17  growth = growth.dropna()
18  # growth.dropna(inplace = True)
19  growth.head()
20  # 对于增长率,也可以采用另一个公式进行计算
21  lev.pct_change()    # 计算百分比
22  # 计算完增长率后,可以进一步计算其累计增长率:使用cumprod()累乘函数,将每一项的值相乘
23  cum_growth = (1 + growth).cumprod()
24  cum_growth.tail()
25  # 对计算得出的累计增长率进行构图,观察其可视化的变化情况
26  cum_growth.plot(figsize = (8,6))
```

输出结果,如图 5-3 所示。

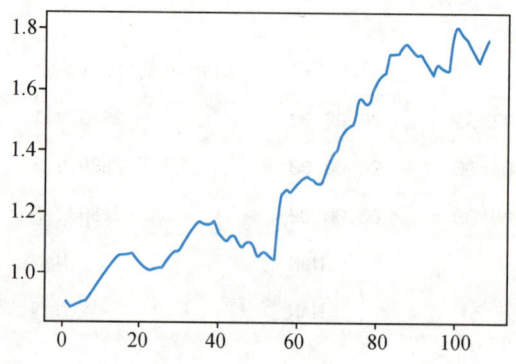

图 5-3 非金融企业部门杠杆率累计增长率

用同样的方式,可以得到 GDP 的增速并对其进行构图,如图 5-4 所示。

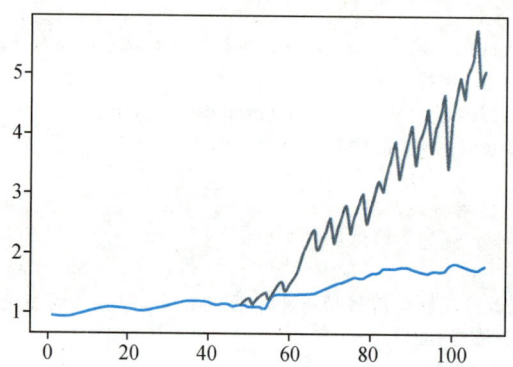

图 5-4 GDP 和非金融企业部门杠杆率数据累计增长率

5.1.2 微观企业面板视角下计算增长率指标

上一节讨论了单个个体在多个时间点的情形,当出现多个时间点及多个个体时,就会涉及面板数据的分析。微观企业面板数据是在企业或组织层面上收集的数据,如在一段时间内,公司展示的企业属性和财务数据。微观企业面板数据通常具有异质性、交互性和动态性等特征。在经济管理大数据分析中,常常需要计算面板数据增长率指标,这里演示如何计算面板数据增长率。

【示例 5-2】计算面板数据

```
1   import pandas as pd
2   import random
3   # 模拟面板数据
4   panel_data = pd.DataFrame({'日期': ['2022- 01- 01']* 3 + ['2022- 01- 02']* 3,
```

```
5                       '项目': ['A', 'B', 'C']* 2,
6                       '数值': [random.randint(1, 10) for _ in range(6)],
7                       '公司': ['X', 'Y', 'Z']* 2})
8  # 计算增长率
9  panel_data['上期数值'] = panel_data.groupby(['公司', '项目'])['数值'].shift(1)
10 panel_data['增长率'] = (panel_data['数值'] - panel_data['上期数值'])/panel_data['上期数值']
11 # 显示结果
12 print(panel_data)
```

输出结果,如图 5-5 所示。

	日期	项目	数值	公司	上期数值	增长率
0	2022-01-01	A	5	X	NaN	NaN
1	2022-01-01	B	10	Y	NaN	NaN
2	2022-01-01	C	4	Z	NaN	NaN
3	2022-01-02	A	2	X	5.0	−0.6
4	2022-01-02	B	3	Y	10.0	−0.7
5	2022-01-02	C	6	Z	4.0	0.5

图 5-5 面板数据增长率计算结果

在[示例 5-2]中,我们使用 Pandas 的 DataFrame 函数模拟了一份面板数据,其中包含了两天的数据,每天有三个项目的数值,以及每个数据点对应的公司。然后,我们使用 Pandas 的 groupby 函数按照公司和项目分组,并使用 shift 函数将每个分组内的数值移动一行,以得到上期数值。接着,我们计算增长率,即本期数值与上期数值的差除以上期数值。最后,我们将计算后的结果打印出来,以检查计算是否正确。

5.2 多指标比率计算

经济管理中常使用涉及多个指标的比率指标评价企业绩效,由此会涉及行业企业、微观管理层及具体财务报表等层面的比率指标分析。比如,杜邦分析法(DuPont Analysis)是在具体财务报表层面运用多指标比率的一个典型的经济管理评价体系,利用几种主要的财务比率:净资产收益率、资产净利率、权益乘数、销售净利率、资产周转率,综合地分析企业的财务状况。比率之间的关系如式(5-2):

$$ROE = NPM \times AU \times EM \tag{5-2}$$

其中,NPM 表示销售净利率,AU 表示资产周转率,EM 表示权益乘数。

资产净利率公式:NPM=净利润÷总收入。

资产周转率公式:AU=总收入÷总资产。

权益乘数公式:EM=总资产÷总权益资本。

5.2.1 时间序列下的比率指标计算

时间序列数据的比率指标计算会涉及不同指标之间的计算。这里使用 Python 和 Pandas 库展示计算主要财务指标的示例代码,并且使用模拟数据进行实操,逐行执行代码进行测试。

【示例5-3】时间序列下的比率指标计算

```
1   import pandas as pd
2   #  模拟数据
3   data = {
4        '年份': ['2019', '2020', '2021'],
5        '营业收入': [100, 120, 150],
6        '营业成本': [60, 72, 90],
7        '营业费用': [20, 24, 30],
8        '总资产': [200, 240, 300],
9        '总负债': [80, 100, 120],
10       '所有者权益': [120, 140, 180]
11  }
12  df = pd.DataFrame(data)
13  # 计算主要的财务指标比率
14  df['毛利率'] = (df['营业收入'] - df['营业成本']) / df['营业收入']
15  df['营业利润率'] = (df['营业收入'] - df['营业成本'] - df['营业费用']) / df['营业收入']
16  df['净利率'] = (df['营业收入'] - df['营业成本'] - df['营业费用']) / df['营业收入']
17  df['总资产回报率'] = (df['营业收入'] - df['营业成本'] - df['营业费用']) / df['总资产']
18  df['净资产回报率'] = (df['营业收入'] - df['营业成本'] - df['营业费用']) / df['所有者权益']
19  df['资产负债率'] = df['总负债'] / df['所有者权益']
20  # 显示结果
21  print(df)
```

这段代码会生成一个包含年份、收入、成本、费用、资产、负债和所有者权益数据的 DataFrame,计算主要的财务指标比率,并将其添加为 DataFrame 的新列,将计算结果打印出来。

5.2.2 截面数据的比率指标计算

当面临一个时间点有多个个体的情形,就会涉及截面数据。比如当我们需要对不同企业、同一个时间点的数据进行比较和分析时,可以使用截面数据的比率指标。比率指标是通过将不同财务数据之间的比例计算得出的,可以帮助我们更好地理解企业的财务状况和经营状况。

【示例 5-4】计算截面数据

```
1   import numpy as np
2   import pandas as pd
3   # 模拟截面数据
4   np.random.seed(123)
5   n = 10       # 企业数量
6   sales = np.random.randint(100, 1000, size= n)      # 销售收入
7   assets = np.random.randint(500, 5000, size= n)     # 总资产
8   equity = np.random.randint(200, 2000, size= n)     # 股东权益
9   net_profit = np.random.randint(10, 100, size= n)   # 净利润
10  # 计算杜邦比率
11  profit_margin = net_profit / sales      # 净利润率
12  asset_turnover = sales / assets         # 总资产周转率
13  equity_multiplier = assets / equity     # 权益乘数
14  dupont_ratio = profit_margin * asset_turnover * equity_multiplier     # 杜邦综合利润率
15  # 将数据和杜邦比率合并成一个表格
16  data = pd.DataFrame({
17      'Sales': sales,
18      'Assets': assets,
19      'Equity': equity,
20      'Net_Profit': net_profit,
21      'Profit_Margin': profit_margin,
22      'Asset_Turnover': asset_turnover,
23      'Equity_Multiplier': equity_multiplier,
24      'Dupont_Ratio': dupont_ratio
25  })
26  # 打印数据和杜邦比率
27  data
```

5.2.3 面板数据的比率指标计算

面板数据是指在多个时间点和多个个体之间收集的数据,每个个体在不同时间点上的数据被整合在一起形成一个数据集。面板数据比率指标可以帮助我们分析个体和时间维度下两个变量之间的关系,在经济学、金融学、社会科学等领域中被广泛应用。

【示例 5-5】计算面板数据比率指标

```
1   import pandas as pd
2   import numpy as np
```

```python
3   # 模拟面板数据
4   np.random.seed(123)
5   n = 100      # 个体数
6   T = 10       # 时间点数
7   ids = np.repeat(range(1, n+ 1), T)         # 个体 ID
8   times = np.tile(range(1, T+ 1), n)         # 时间点
9   x = np.random.normal(loc= 10, scale= 2, size= n* T)    # 自变量 x
10  y = np.random.normal(loc= 5, scale= 1, size= n* T)     # 因变量 y
11  # 将数据转换为面板数据格式
12  panel_data = pd.DataFrame({'id': ids, 'time': times, 'x': x, 'y': y})
13  panel_data.set_index(['id', 'time'], inplace= True)
14  # 计算比率指标 y/x
15  panel_data['y_per_x'] = panel_data['y'] / panel_data['x']
16  # 查看面板数据
17  panel_data
```

输出结果，如图 5-6 所示。

id	time	x	y	y_per_x
1	1	7.828739	4.251173	0.543021
	2	11.994691	5.587595	0.464172
	3	10.585957	5.718151	0.541186
	4	6.987411	4.000619	0.572547
	5	8.842799	5.474898	0.619136
...	...	...	...	...
100	6	11.269526	5.845701	0.518718
	7	12.139837	3.880077	0.319615
	8	8.181348	4.640703	0.587230
	9	10.940527	3.390305	0.309885
	10	7.777139	5.013570	0.644855

1000 rows × 3 columns

图 5-6 面板数据比率计算结果

5.2.4 不同类型数据的转化

在处理时间序列数据、截面数据和面板数据的指标计算时，往往会遇到不同类型数据的转换问题。下面介绍如何解决面板数据和横截面数据之间的转换问题。

【示例 5-6】 将横截面数据转换为面板数据

```
1  import pandas as pd
```

```
2  import random
3  # 模拟横截面数据
4  cross_sectional_data = pd.DataFrame({'日期': ['2022- 01- 01']* 3 + ['2022-
   01- 02']* 3,'项目': ['A', 'B', 'C']* 2,'数值': [random.randint(1, 10) for _ in
   range(6)]})
5  # 转换成面板数据
6  panel_data = cross_sectional_data.set_index(['日期', '项目']).unstack()
7  # 显示结果
8  print(panel_data)
```

在[示例5-6]中,我们首先使用Pandas的DataFrame函数模拟了一份横截面数据,代码中的cross_sectional_data是一个横截面数据集,包含了三个项目(A、B、C)在两个日期(2022-01-01和2022-01-02)上的观测值。其中,每个观测值包含三个变量:日期、项目和数值。其次,我们使用Pandas的set_index函数将日期和项目作为索引。再次,我们使用unstack函数将项目作为新的列索引,从而将横截面数据转换为面板数据。最后,我们将转换后的面板数据打印出来,以检查转换是否正确。这里的数据是随机生成的,因此每次运行代码时结果都会有所不同。

接着是将面板数据转换为横截面数据:

```
1  import pandas as pd
2  import random
3  # 模拟面板数据
4  panel_data = pd.DataFrame({'日期': ['2022- 01- 01']* 3 + ['2022- 01- 02']*
   3,'项目': ['A', 'B', 'C']* 2,'数值': [random.randint(1, 10) for _ in range(6)],
   '公司': ['X', 'Y', 'Z']* 2})
5  # 转换成截面数据
6  cross_sectional_data = panel_data.pivot_table(index= '公司', columns= ['日
   期', '项目'], values= '数值')
7  # 显示结果
8  print(cross_sectional_data)
```

在[示例5-6]中,我们使用Pandas的DataFrame函数模拟了一份面板数据,其中包含了两天的数据,每天有三个项目的数值,以及每个数据点对应的公司。我们使用Pandas的pivot_table函数将面板数据转换为横截面数据。其中,index参数指定了需要用作新的行索引的列,columns参数指定了需要用作新的列索引的列,values参数指定了需要填充的数据列。我们将转换后的横截面数据打印出来,以检查转换是否正确。这里的数据是随机生成的,因此每次运行代码时结果都会有所不同。

实操案例　运用 Python 进行企业财务比率分析

本章实操案例采用上市企业数据进行实操示范。

1）偿债能力分析

偿债能力是指企业资产偿还债务的能力，企业偿债能力是反映财务状况的重要指标，是企业偿还到期债务的承受能力或保证程度，是企业发展的关键。

（1）短期偿债能力分析。短期偿债能力是指企业债务到期前将流动资产变现用于偿还流动负债的能力，可以用流动比率、速动比率等指标衡量。

这里选取流动比率来进行示范，其计算公式如式(5-3)：

$$流动比率＝流动资产÷流动负债 \tag{5-3}$$

流动比率是用来衡量企业流动资产在短期债务到期前，可以变为现金用于偿还负债的能力，揭示了流动资产对流动负债的保障程度。具体的代码如下：

```
1   # 导入需要的库
2   import pandas as pd
3   import matplotlib.pyplot as plt
4   import numpy as np
5   # 导入需要的数据
6   lrb = pd.read_excel('合并.xls',header= 0)
7   # 将索引设置为报告的日期
8   lrb.index = lrb['报告日期']
9   # 查看数据情况
10  lrb
11  # 由于 csv 中为时间倒序,将表倒序排列使之呈时间正序,如果数据本身是升序排列,则无须此命令
12  data_lrb = lrb[::- 1]
13  # 获取年底数据,由于数据是按照月份整理,需要将最后一个月提取出来作为年度数据,因而定义函数获取数据
14  def get_data_month(data, month):
15      data_month = data[data.index.month = = month]
16      return data_month
17  # 定义画图函数,画出逐年的柱形图
18  def data_plot(data, y, legend= 'stock', kind= 'bar'):
19      l_0 = len(data)
20      s_0 = list(range(l_0))
21      x_0 = np.array(s_0)
22      y_0 = tuple([str(i) for i in range(year - l_0, year)])
23      data[y].plot(kind= kind)
24      plt.title(y)
25      plt.legend([legend], loc= 'upper left')
26      plt.xticks(x_0, y_0)
27      plt.grid(color= '# 95a5a6', linestyle= '- - ', linewidth= 1, axis= 'y', alpha= 0.4)
```

```
28  # plt.savefig('s.png' % (y,))
29      return
30  # 指标分析
31  def get_performance(data):
32      result_p = pd.DataFrame()
33      result_p['流动比率'] = data['流动资产合计(万元)'] / data['流动负债合计
        (万元)']
34      result_p.index = data['报告日期']
35      return result_p
36  # 筛选年报数据
37  data_lrb_year = get_data_month(data_lrb, 12)
38  # 获取所需指标
39  result_p = get_performance(data_lrb_year)
```

输出结果，如图 5-7 所示。

报告日期	流动比率
2014-12-31	2.021468
2015-12-31	1.029009
2016-12-31	2.137062
2017-12-31	1.846451
2018-12-31	1.734326
2019-12-31	1.572003
2020-12-31	2.052942
2021-12-31	1.190098

图 5-7　流动比率数据

继续添加代码，数据可视化：

```
1  year = 2022
2  # 画图可视化
3  plt.rcParams['font.sans-serif'] = ['Microsoft YaHei']    # 显示中文
4  for i in ['流动比率']:
5      data_plot(result_p, i)
6      plt.show()
```

输出结果，如图 5-8 所示。

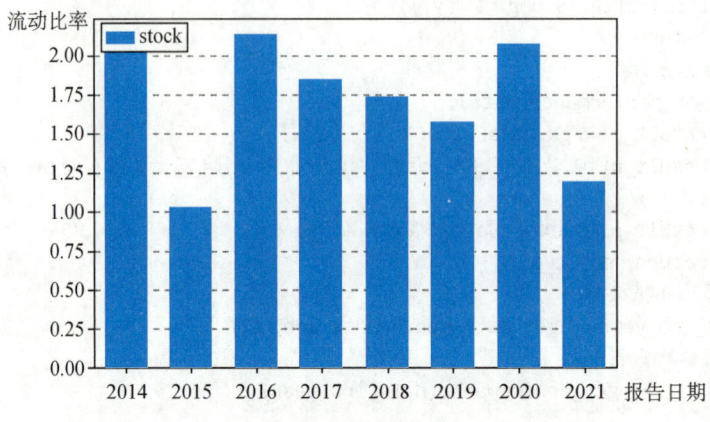

图 5-8　流动比率图

从结果可知,该股票的流动比率大多保持在 1.50 以上,表明企业有较强的偿债能力。通过对数据进一步观察,发现 2015 年流动比率下降,于是进一步翻看数据发现 2015 年一年内到期的非流动负债大幅增加,表明企业长期负债即将到期须及时处理;观察 2021 年流动比率的数据进一步发现应付账款与应付票据大幅增加,可以看出企业业务增速过快。

第二个比率是速动比率,其计算公式如式(5-4):

$$\text{速动比率}=(\text{流动资产}-\text{存货})\div\text{流动负债} \quad (5\text{-}4)$$

速动比率是对流动比率的补充,速动比率是一个比较苛刻的指标,能够反映一个企业立即还债的能力和水平。具体的代码如下:

```
1  # 指标分析
2  def get_performance(data):
3      result_p = pd.DataFrame()
4      result_p['速动比率'] = (data['流动资产合计(万元)'] - data['存货(万元)']) / data['流动负债合计(万元)']
5      result_p.index = data['报告日期']
6      return result_p
7  # 读取数据,由于上一个分析已经获得数据,这里不再需要这一操作
8  # 筛选年报数据
9  data_lrb_year = get_data_month(data_lrb, 12)
10 # 计算所需指标
11 result_p = get_performance(data_lrb_year)
12 # 可视化
13 plt.rcParams['font.sans-serif'] = ['Microsoft YaHei']    # 显示中文
14 for i in ['速动比率']:
15     data_plot(result_p, i)
16 plt.show()
```

输出结果,如图 5-9 所示。

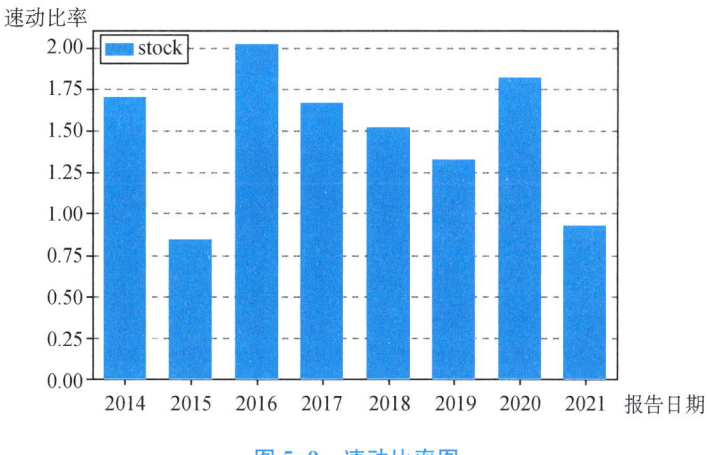

图 5-9　速动比率图

从结果可知,该企业的速动比率整体表现偏高,传统经验认为速动比率维持在 1 左右是一个相对比较合理的范围。2021 年比值低于 1,进一步查看数据发现其存货突增至上一年的三倍左右。存货主要为原材料、库存商品、发出商品和部分在途出口产品,备货较多可能是为了应付市场需求的增加。

第三个流动性比率是现金比率。现金比率是衡量企业变现能力的重要指标,最能反映企业直接偿付流动负债的能力,比率越高企业变现能力越强。具体代码如下:

```
1   #  指标分析
2   def get_performance(data):
3       result_p =  pd.DataFrame()
4       result_p['现金比率'] =  data['货币资金(万元)']/ data['流动负债合计(万元)']
5       result_p.index =  data['报告日期']
6       return result_p
7   #  读取数据省略
8   #  筛选年报数据
9   data_lrb_year = get_data_month(data_lrb, 12)
10  #  计算所需指标
11  result_p = get_performance(data_lrb_year)
12  #  可视化
13  plt.rcParams['font.sans- serif'] = ['Microsoft YaHei']    #  显示中文
14  for i in ['现金比率']:
15      data_plot(result_p, i)
16  plt.show()
```

输出结果,如图 5-10 所示。

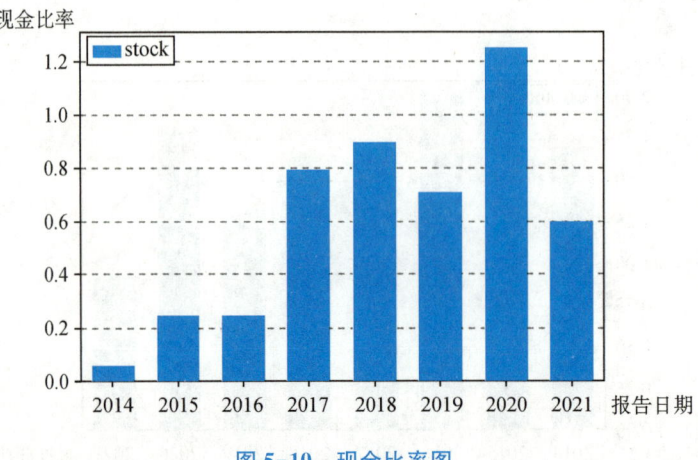

图 5-10　现金比率图

（2）长期偿债能力分析。长期偿债能力是指企业对偿还一年及一年以上债务的保障能力。长期偿债能力是企业投资者、经营者、债权人等企业关联方十分关注的问题。

资产负债率是企业利用债权人所提供的资金来进行企业经营活动的能力，反映了债务人发放贷款的安全程度。具体代码如下：

```python
# 指标分析
def get_performance(data):
    result_p = pd.DataFrame()
    result_p['资产负债率'] = data['负债合计(万元)'] / data['资产总计(万元)']
    result_p.index = data['报告日期']
    return result_p
# 读取数据部分省略
# data_lrb = lrb[::- 1]
# 筛选年报数据
data_lrb_year = get_data_month(data_lrb, 12)
# 计算所需指标
result_p = get_performance(data_lrb_year)
# 可视化
plt.rcParams['font.sans- serif'] = ['Microsoft YaHei']    # 显示中文
for i in ['资产负债率']:
    data_plot(result_p, i)
plt.show()
```

输出结果，如图 5-11 所示。

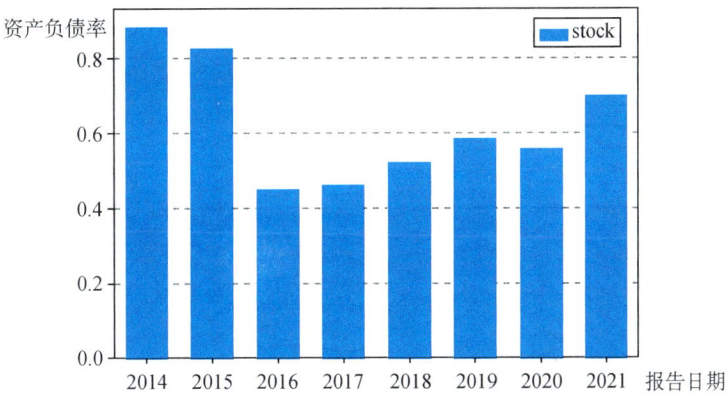

图 5-11 资产负债率图

一般认为企业的资产负债率在 40%～60% 是一个比较合理的区间,该企业在 2016—2020 年资产负债率开始降低至合理水平,2021 年上升至 69.9%,进一步查看数据发现该企业应付票据、应付账款、长期借款等项目大幅增长。应付票据、应付账款的增加是由于业务攀升导致的,与此对应的是企业新增借款的增加。

产权比率是评估企业资金结构合理性的一个指标,可反映股东持股情况,是衡量企业长期偿债能力的指标之一。产权比率的计算公式如式(5-5):

$$
\begin{aligned}
产权比率 &= 负债总额 \div 股东权益 = 负债总额 \div 所有者权益 \\
&= 负债总额 \div (资产总额 - 负债总额) \\
&= 资产负债率 \div (1 - 资产负债率)
\end{aligned}
\tag{5-5}
$$

具体代码如下:

```
1   # 指标分析
2   def get_performance(data):
3       result_p = pd.DataFrame()
4       result_p['产权比率'] = data['负债合计(万元)'] / data['所有者权益(或股东权益)合计(万元)']
5       result_p.index = data['报告日期']
6       return result_p
7   # 读取数据部分省略
8   # data_lrb = lrb[::- 1]
9   # 筛选年报数据
10  data_lrb_year = get_data_month(data_lrb, 12)
11  # 计算所需指标
12  result_p = get_performance(data_lrb_year)
13  # 可视化
14  plt.rcParams['font.sans- serif'] = ['Microsoft YaHei']     # 显示中文
```

```
15    for i in ['产权比率']:
16        data_plot(result_p, i)
17    plt.show()
```

输出结果,如图 5-12 所示。

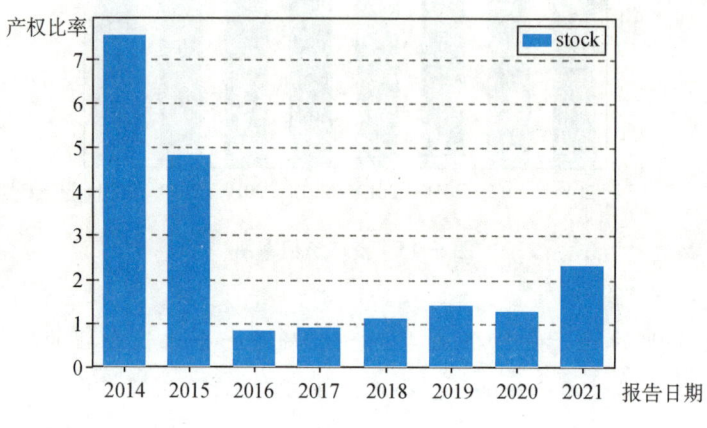

图 5-12　产权比率图

产权比率一般在 1∶1 是一个比较理想的范围,表示企业股东资本足够偿还债务人提供的资本。而该企业除了 2016 年与 2017 年未达到 1∶1,其余年份均超过 1∶1,产权比率越高说明企业长期偿债能力越弱,企业财务风险越大。

2)营运能力分析

营运能力是指企业经营运行的能力,即运用各项企业资产赚取利润的能力。

(1)应收账款周转率。应收账款周转率是指企业在一定时期内应收账款平均回收的次数,是衡量企业应收账款周转速度及管理效率的指标,关系着企业资金的流动性和再生产过程的顺利进行。应收账款周转率的计算公式如式(5-6):

$$应收账款周转率 = \frac{当期销售收入}{平均应收账款余额} \times 100\% \tag{5-6}$$

具体代码如下:

```
1   # 指标分析
2   def get_performance(data):
3       result_p = pd.DataFrame()
4       result_p['应收账款周转率'] = data['营业收入(万元)'] / data['应收账款(万元)']
5       result_p.index = data['报告日期']
6       return result_p
7   # 读取数据
8   # data_lrb = lrb[::- 1]
9   # 筛选年报数据
```

```
10  data_lrb_year = get_data_month(data_lrb, 12)
11  # 计算所需指标
12  result_p = get_performance(data_lrb_year)
13  # 可视化
14  plt.rcParams['font.sans- serif'] = ['Microsoft YaHei']    # 显示中文
15  for i in ['应收账款周转率']:
16      data_plot(result_p, i)
17  plt.show()
```

输出结果,如图 5-13 所示。

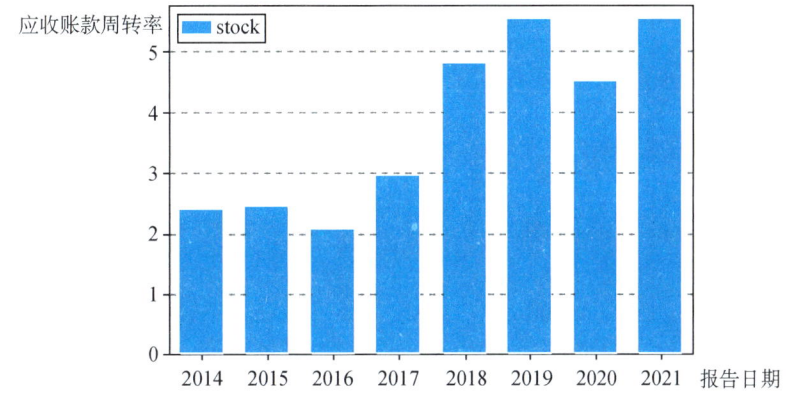

图 5-13　应收账款周转率图

应收账款周转率一般在 3 以上比较合适,该企业的应收账款周转率在 2017 年后基本保持在 5 左右,说明企业内部有较好的应收账款的管理制度,收账速度相对较快,平均收账期短,坏账损失少,资产流动快,偿债能力强,资金使用效率高。

(2) 存货周转率。存货周转率衡量评价企业购入存货、投入生产、销售收回等环节管理状况的综合指标,是一定时期内企业销货成本与平均存货余额的比率。具体代码如下:

```
1   # 指标分析
2   def get_performance(data):
3       result_p = pd.DataFrame()
4       result_p['存货周转率'] = data['营业收入(万元)'] / data['存货(万元)']
5       result_p.index = data['报告日期']
6       return result_p
7   # 读取数据
8   # data_lrb = lrb[::- 1]
9   # 筛选年报数据
10  data_lrb_year = get_data_month(data_lrb, 12)
```

```
11  # 计算所需指标
12  result_p = get_performance(data_lrb_year)
13  # 可视化
14  plt.rcParams['font.sans- serif'] = ['Microsoft YaHei']    # 显示中文
15  for i in ['存货周转率']:
16      data_plot(result_p, i)
17      plt.show()
```

输出结果,如图 5-14 所示。

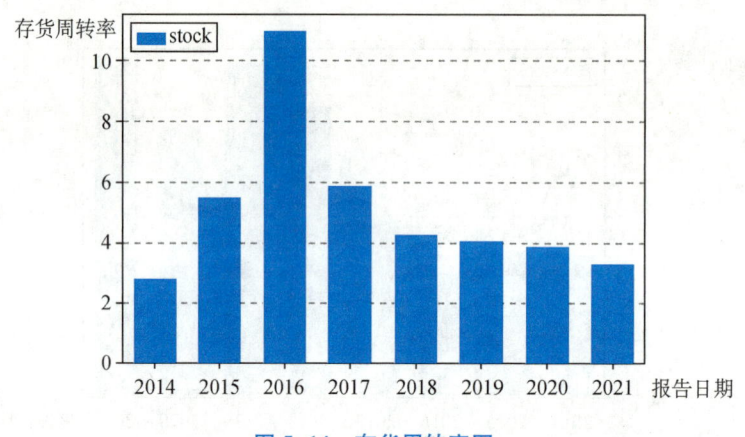

图 5-14　存货周转率图

存货周转率一般在 3 以上是比较合适的,该企业的存货周转率在 2014—2016 年大幅上升,2016 年后开始下降,2018 年上市后企业产能有了不小的提升,可能会带来一定的存货压力,但周转率依旧保持在 3 以上,说明企业存货周转速度、存货周转效率表现较为稳定。

(3)总资产周转率。总资产周转率是衡量企业资产投资规模与销售水平之间配比关系的指标,体现企业在经营期间全部资产从投入到产出的流转速度,综合评价了企业全部资产的经营质量和利用效率。总资产周转率的计算公式如式(5-7):

$$总资产周转率 = 销售收入 \div 总资产 \tag{5-7}$$

具体代码如下:

```
1  # 指标分析
2  def get_performance(data):
3      result_p = pd.DataFrame()
4      result_p['总资产周转率'] = data['营业收入(万元)'] / data['资产总计(万元)']
5      result_p.index = data['报告日期']
```

```
 6      return result_p
 7  # 读取数据
 8  # data_lrb =  lrb[::- 1]
 9  # 筛选年报数据
10  data_lrb_year = get_data_month(data_lrb, 12)
11  # 计算所需指标
12  result_p =  get_performance(data_lrb_year)
13  # 可视化
14  plt.rcParams['font.sans- serif'] =  ['Microsoft YaHei']    # 显示中文
15  for i in ['总资产周转率']:
16      data_plot(result_p, i)
17      plt.show()
```

输出结果,如图5-15所示。

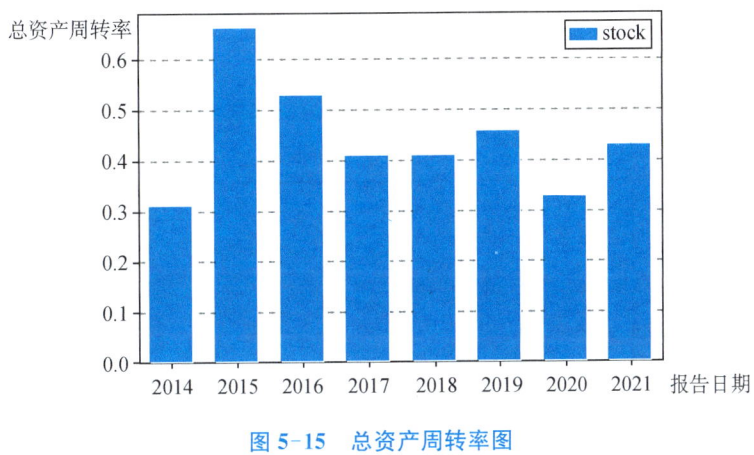

图 5-15 总资产周转率图

从结果可知,该企业在2015年总资产周转率达到顶峰,而后下降呈波动状态,波动范围为30%～50%,说明企业对总体资产的利用效率不高,需提高总体资产的利用效率。

3) 盈利能力分析

企业盈利能力是指企业在经营过程中获取利润的能力,通常表现为一定时期内企业收益水平的高低,是衡量企业发展实力的关键。

(1) 销售净利率。销售净利率是表示企业净利润与销售收入之间比率关系的指标,用来衡量企业在一定时期内的获利能力,反映企业的营业利润率,其计算公式如式(5-8):

$$销售净利率 = \frac{净利润}{销售收入} \times 100\% \qquad (5\text{-}8)$$

具体代码如下:

```python
1   # 指标分析
2   def get_performance(data):
3       result_p =  pd.DataFrame()
4       result_p['销售净利率'] = data['净利润(万元)'] / data['营业收入(万元)']
5       result_p.index = data['报告日期']
6       return result_p
7   # 读取数据
8   # data_lrb = lrb[::- 1]
9   # 筛选年报数据
10  data_lrb_year = get_data_month(data_lrb, 12)
11  # 计算所需指标
12  result_p = get_performance(data_lrb_year)
13  # 可视化
14  plt.rcParams['font.sans- serif'] = ['Microsoft YaHei']    # 显示中文
15  for i in ['销售净利率']:
16      data_plot(result_p, i)
17      plt.show()
```

输出结果,如图 5-16 所示。

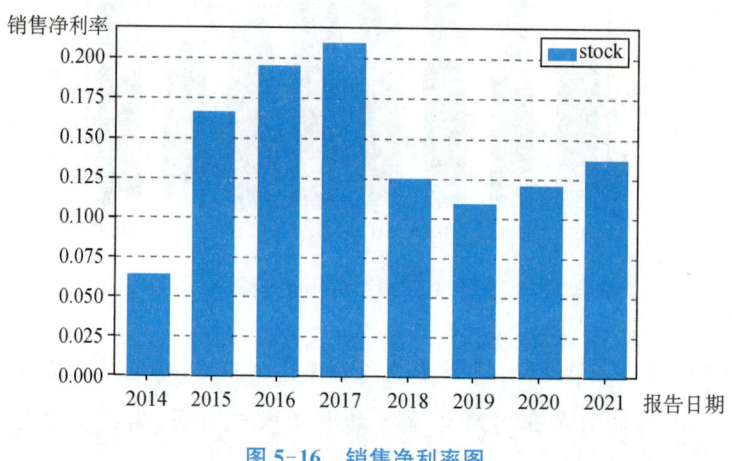

图 5-16　销售净利率图

从结果可知,该企业的销售净利率经过 2014—2017 年的高速增长,2018—2021 年销售净利率稳定在 10% 到 14% 之间,说明企业盈利能力平稳,经营趋于稳定。

(2)总资产净利率。总资产净利率是企业净利润与总资产的百分比,反映企业运用全部资产的获利水平。该指标越高说明企业投入产出越高,资产运营越有效,成本费用控制水平越好,其计算公式如式(5-9):

$$总资产净利率 = \frac{净利润}{平均资产总额} \times 100\% \tag{5-9}$$

具体代码如下:

```
1   # 指标分析
2   def get_performance(data):
3       result_p = pd.DataFrame()
4       result_p['总资产净利率'] = data['净利润(万元)'] / data['资产总计(万元)']
5       result_p.index = data['报告日期']
6       return result_p
7   # 读取数据
8   # data_lrb = lrb[::- 1]
9   # 筛选年报数据
10  data_lrb_year = get_data_month(data_lrb, 12)
11  # 计算所需指标
12  result_p = get_performance(data_lrb_year)
13  # 可视化
14  plt.rcParams['font.sans- serif'] = ['Microsoft YaHei']    # 显示中文
15  for i in ['总资产净利率']:
16      data_plot(result_p, i)
17      plt.show()
```

输出结果，如图 5-17 所示。

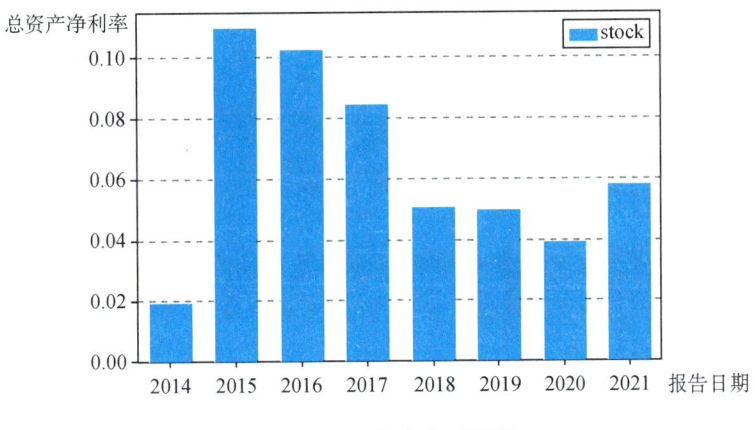

图 5-17　总资产净利率图

总资产净利率的合适范围一般是 10%～20%，该企业在经过 2014 年的大幅上升后到 2020 年呈下降趋势，虽然 2021 年有所回升，但指标整体偏低，说明企业可能存在投资大、见效慢、资产利润率低、资产闲置等问题。

（3）净资产收益率。净资产收益率是指净利润与净资产之间的比率，该指标反映企业运用股东权益的收益水平，用来衡量企业对自有资本的运用效率，其计算公式如式(5-10)：

$$净资产收益率 = \frac{净利润}{股东权益} \times 100\% \tag{5-10}$$

具体代码如下:

```
1   # 指标分析
2   def get_performance(data):
3       result_p = pd.DataFrame()
4       result_p['净资产收益率'] = data['净利润(万元)'] / data['所有者权益(或股东权益)合计(万元)']
5       result_p.index = data['报告日期']
6       return result_p
7   # 读取数据
8   # data_lrb = lrb[::- 1]
9   # 筛选年报数据
10  data_lrb_year = get_data_month(data_lrb, 12)
11  # 计算所需指标
12  result_p = get_performance(data_lrb_year)
13  # 可视化
14  plt.rcParams['font.sans- serif'] = ['Microsoft YaHei']    # 显示中文
15  for i in ['净资产收益率']:
16      data_plot(result_p, i)
17      plt.show()
```

输出结果,如图5-18所示。

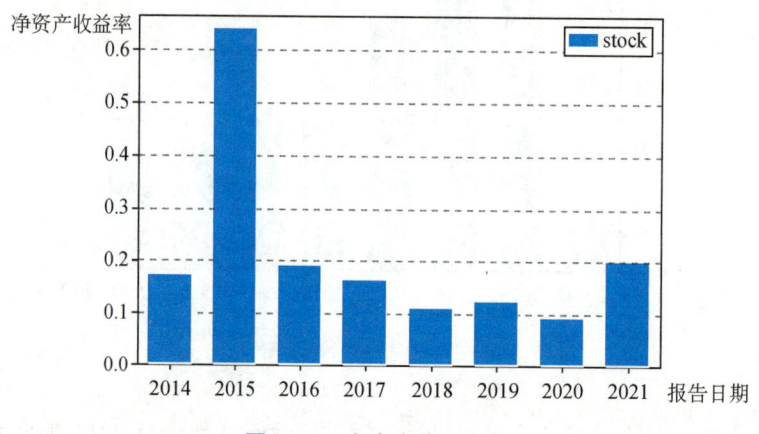

图 5-18　净资产收益率图

从结果可知,该企业的净资产收益率在 2015 年达到顶峰后整体呈缓慢下降趋势,到 2021 年有所回升,原因是 2021 年净资产与净利润均大幅提升,且净利润涨幅相对较高。

4) 成长性分析

成长性分析是企业经营分析的重要内容之一,是指联系历年数据对企业主要经济技术指标的增长程度进行分析。

(1) 总资产增长率。资产是企业取得收入的资源和债务偿还的保障,是企业发展的重要指标。计算总资产的增长率,可以非常直观地查看企业成长的态势。

具体代码如下:

```
1  # 指标分析
2  def get_performance(data):
3      result_p = pd.DataFrame()
4      result_p['总资产'] = data['资产总计(万元)']
5      result_p.index = data['报告日期']
6  return result_p
7  # 筛选年报数据
8  data_lrb_year = get_data_month(data_lrb, 12)
9  # 计算所需指标
10 result_p = get_performance(data_lrb_year)
11 result_p
12 # 计算增长率
13 growth = result_p/result_p.shift(1) - 1
14 # 删除掉第一个指标的缺失值
15 growth = growth.dropna()
16 # growth.dropna(inplace = True)
17 growth.head()
18 # 可视化
19 plt.rcParams['font.sans- serif'] = ['Microsoft YaHei']   # 显示中文
20 for i in ['总资产']:
21     data_plot(growth, i)
22 plt.show()
```

输出结果,如图 5-19 所示。

图 5-19　总资产增长率图

从结果可知,该企业在 2015 年和 2016 年的总资产增长率分别达到 202% 和 230%,由于前期企业扩充产能的需要,资产增速较快;2017 年总资产增长率下降至 73.7% 是由于企业资产数量较多;2017—2019 年增长呈缓慢下降趋势;2020—2021 年有所回升,是因为存货、在建工程和固定资产较上年分别增加了 269.75 亿元、216.54 亿元和 252.48 亿元,说明该企业为应对旺盛的市场需求不断增加存货和扩张产能。

（2）净利润增长率。净利润是指企业当期利润总额减去所得税后的利润,即代表企业的税后利润。净利润增长率是竞价企业成长性的重要指标,该指标越高代表企业盈利能力越强。具体代码如下：

```
1   # 指标分析
2   def get_performance(data):
3       result_p = pd.DataFrame()
4       result_p['净利润'] = data['净利润(万元)']
5       result_p.index = data['报告日期']
6       return result_p
7   # 筛选年报数据
8   data_lrb_year = get_data_month(data_lrb, 12)
9   # 计算所需指标
10  result_p = get_performance(data_lrb_year)
11  result_p
12  # 计算增长率
13  growth = result_p/result_p.shift(1) - 1
14  # 删除掉第一个指标的缺失值
15  growth = growth.dropna()
16  # growth.dropna(inplace = True)
17  growth.head()
18  # 可视化
19  plt.rcParams['font.sans- serif'] = ['Microsoft YaHei']    # 显示中文
20  for i in ['净利润']:
21      data_plot(growth, i)
22  plt.show()
```

输出结果,如图 5-20 所示。

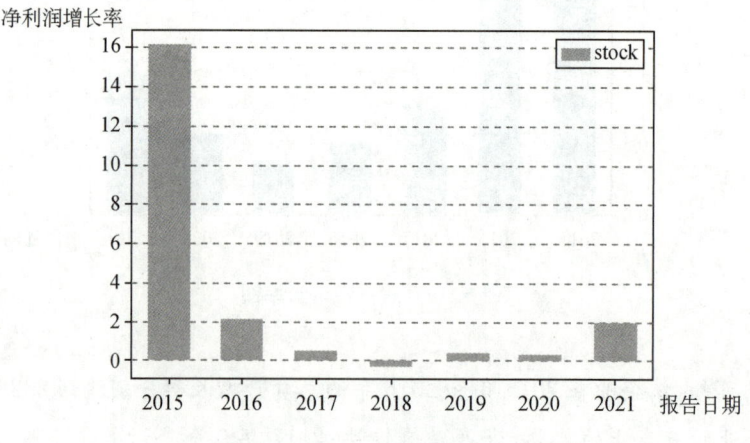

图 5-20　净利润增长率图

从结果可知,2015 年该企业的净利润增长率达到 1 611%,2016 年受到原材料价格上涨等的影响,使得 2016 年净利润增长率下降至 207%,甚至到 2018 年呈现负增长。随后该企业通过与多家企业进行深入合作,在 2019 年后转负为正,2021 年业务的增长又使该指标提高到了 193%。

第 2 篇

Python 数据因果关系推断

第6章

Python 数据线性因果关系推断

知识导航

Python 数据线性因果关系推断
- 二元线性回归模型及其参数估计
  - 二元线性回归模型表达式
  - 二元线性回归模型的基本假定
  - 二元线性回归模型的参数估计
- 普通最小二乘法的 Python 实现
  - 载入 Python 相关工具包
  - 导入并进行数据粗处理
  - 建立最小二乘法模型
- 对数化模型的 Python 实现

学习目标

1. 学会二元线性回归模型的基本设定
2. 学会应用 Python 进行数据线性因果关系推断
3. 学会对数化模型的 Python 实现

6.1 二元线性回归模型及其参数估计

在经济管理分析中,因果关系的推断是非常重要的一种分析手段,通过数据的整理、建模、分析,挖掘经济管理过程中的关系与问题,从而为制定经济管理决策提供量化参考。线性回归模型是因果关系推断中最常用的估计方法。以企业财务决策为例,企业投资受到多种宏观经济因素及微观企业内部因素的影响,通过线性回归模型可以分析某种因素对于企业投资的影响,从而根据实际数据制定企业投资决策。

6.1.1 二元线性回归模型表达式

以二元线性回归分析为例,多元线性回归的相关分析以此类推。有两个自变量的二元线性回归模型如式(6-1):

$$y = \beta_0 + \beta_1 x_1 + \beta_2 x_2 + \mu \quad (6\text{-}1)$$

其中，β_0 为截距项，β_1 是 x_1 的回归系数，β_2 是 x_2 的回归系数，也称为斜率，μ 为扰动项。该模型的含义为探索 x_1、x_2 和 y 的关系，x_1 和 x_2 被称为解释变量，y 被称为被解释变量。同时，x_1 和 x_2 被称为自变量，y 被称为因变量。

式(6-1)被称为总体回归函数的随机表达形式，它的非随机表达式如式(6-2)：

$$E(Y \mid X_1, X_2) = \beta_0 + \beta_1 x_1 + \beta_2 x_2 \quad (6\text{-}2)$$

可见，二元线性回归分析是以两个解释变量的给定值为条件的回归分析，式(6-2)表示两个解释变量 X 值给定时 Y 的平均响应。β_1、β_2 也被称为偏回归系数，其含义是：在其他解释变量保持不变的情况下，某一解释变量变化一个单位引起被解释变量 Y 的均值 $E(Y)$ 的变化，即某一解释变量对被解释变量 Y 的影响程度。

如果给出一组观测值 $\{(X_{i1}, X_{i2}, Y_i) : i = 1, 2, \cdots, n\}$，总体回归模型还可写成式(6-3)：

$$Y_i = \beta_0 + \beta_1 x_{i1} + \beta_2 x_{i2} + \mu_i \quad i = 1, 2, \cdots, n \quad (6\text{-}3)$$

在给出总体中的一个样本时，我们估计样本回归函数，并让它近似代表未知的总体回归函数。

样本回归函数如式(6-4)：

$$\hat{Y} = \hat{\beta}_0 + \hat{\beta}_1 X_1 + \hat{\beta}_2 X_2 \quad (6\text{-}4)$$

其随机表达式如式(6-5)：

$$\hat{Y} = \hat{\beta}_0 + \hat{\beta}_1 X_1 + \hat{\beta}_2 X_2 + e \quad (6\text{-}5)$$

其中，e 被称为残差或剩余项，可看作是总体回归函数中随机干扰项 μ 的近似替代。

在一个容量为 n 的样本下，样本回归函数式如式(6-6)和式(6-7)：

$$\hat{Y}_i = \hat{\beta}_0 + \hat{\beta}_1 X_{i1} + \hat{\beta}_2 X_{i2} \quad (6\text{-}6)$$

$$\hat{Y}_i = \hat{\beta}_0 + \hat{\beta}_1 X_{i1} + \hat{\beta}_2 X_{i2} + e_i \quad (6\text{-}7)$$

6.1.2 二元线性回归模型的基本假定

为了使参数估计量具有良好的统计性质，我们对二元线性回归模型可做类似于一元线性回归分析那样的若干基本假设。

假设 1：回归模型是正确设定的。

假设 2：解释变量 X_1、X_2 在简单随机抽取的样本中具有变异性，X_1 和 X_2 之间不存在严格线性相关性(无完全多重共线性),而且随着样本容量的无限增加,解释变量的样本形成的矩阵 $X'X/n$ 依概率收敛于一可逆的有限常数矩阵 Q。

假设3:随机干扰项具有条件零均值性,表达式如式(6-8):

$$E(\mu_i \mid X_1, X_2) = 0 \quad i = 1, 2, \cdots, n \tag{6-8}$$

假设4:随机干扰项具有条件同方差及不序列相关性,表达式如式(6-9)和式(6-10):

$$\mathrm{Var}(\mu_i \mid X_1, X_2) = \sigma^2 \quad i = 1, 2, \cdots, n \tag{6-9}$$

$$\mathrm{Cov}(\mu_i, \mu_j \mid X_1, X_2) = 0, i \neq j \quad i, j = 1, 2, \cdots, n \tag{6-10}$$

假设5:随机干扰项满足正态分布:

$$\mu_i \mid X_1, X_2 \sim N(0, \sigma^2)$$

6.1.3 二元线性回归模型的参数估计

6.1.3.1 普通最小二乘估计

普通最小二乘法(OLS)是应用最多的回归模型参数估计方法,它是从最小二乘原理出发的,是其他估计方法的基础。

随机抽取容量为 n 的样本观测值 $\{(X_{i1}, X_{i2}, Y_i): i=1, 2, \cdots, n\}$,如果样本函数参数估计值已经得到,则有式(6-11):

$$\widehat{Y}_i = \widehat{\beta}_0 + \widehat{\beta}_1 X_{i1} + \widehat{\beta}_2 X_{i2} \quad i = 1, 2, \cdots, n \tag{6-11}$$

根据最小二乘原理,参数估计值满足式(6-12):

$$Q = \sum_{i=1}^n e_i^2 = \sum_{i=1}^n (Y_i - \widehat{Y}_i)^2 = \sum_{i=1}^n [Y_i - (\widehat{\beta}_0 + \widehat{\beta}_1 X_{i1} + \widehat{\beta}_2 X_{i2})]^2 \tag{6-12}$$

参数估计值达到最小,即在给定样本观测值下,选择 $\widehat{\beta}_0$、$\widehat{\beta}_1$、$\widehat{\beta}_2$ 使 Y_i 与 $\widehat{Y}_i$ 之差的平方和最小。

根据极值存在的必要条件,可得式(6-13):

$$\begin{cases} \dfrac{\partial \sum e_i^2}{\partial \widehat{\beta}_0} = -2\sum(Y_i - \widehat{\beta}_0 - \widehat{\beta}_1 X_{i1} - \widehat{\beta}_2 X_{i2}) = 0 \\ \dfrac{\partial \sum e_i^2}{\partial \widehat{\beta}_1} = -2\sum(Y_i - \widehat{\beta}_0 - \widehat{\beta}_1 X_{i1} - \widehat{\beta}_2 X_{i2})X_{i1} = 0 \\ \dfrac{\partial \sum e_i^2}{\partial \widehat{\beta}_2} = -2\sum(Y_i - \widehat{\beta}_0 - \widehat{\beta}_1 X_{i1} - \widehat{\beta}_2 X_{i2})X_{i2} = 0 \end{cases} \tag{6-13}$$

由微积分原理可知,只需要 Q 关于 $\hat{\beta}_i(i=0,1,2)$ 的偏导数,并令其值为零,则可得到参数估计值的正规方程组如式(6-14):

$$\begin{cases} \sum(Y_i-\hat{\beta}_0-\hat{\beta}_1X_{i1}-\hat{\beta}_2X_{i2})=0 \\ \sum(Y_i-\hat{\beta}_0-\hat{\beta}_1X_{i1}-\hat{\beta}_2X_{i2})X_{i1}=0 \Rightarrow \\ \sum(Y_i-\hat{\beta}_0-\hat{\beta}_1X_{i1}-\hat{\beta}_2X_{i2})X_{i2}=0 \end{cases} \begin{cases} \sum e_i=0 \\ \sum e_iX_{i1}=0 \\ \sum e_iX_{i2}=0 \end{cases} \quad (6\text{-}14)$$

如果 x_1 和 x_2 之间不存在线性关系,那么,由上述正规方程组可以解出 $\hat{\beta}_0$、$\hat{\beta}_1$、$\hat{\beta}_2$,如式(6-15):

$$\begin{cases} \hat{\beta}_0=\bar{Y}-\hat{\beta}_1\bar{X}_1-\hat{\beta}_2\bar{X}_2 \\ \hat{\beta}_1=\dfrac{(\sum y_ix_{i1})(\sum x_{i2}^2)-(\sum y_ix_{i2})(\sum x_{i1}x_{i2})}{(\sum x_{i1}^2)(\sum x_{i2}^2)-(\sum x_{i1}x_{i2})^2} \\ \hat{\beta}_2=\dfrac{(\sum y_ix_{i2})(\sum x_{i1}^2)-(\sum y_ix_{i1})(\sum x_{i1}x_{i2})}{(\sum x_{i1}^2)(\sum x_{i2}^2)-(\sum x_{i1}x_{i2})^2} \end{cases} \quad (6\text{-}15)$$

其中,$x_i=X_i-\bar{X}$,$y_i=Y_i-\bar{Y}$,$\bar{X}=\dfrac{1}{n}\sum X_i$,$\bar{Y}=\dfrac{1}{n}\sum Y_i$。

6.1.3.2 随机干扰项 μ 的方差的普通最小二乘估计

随机误差项 μ_i 的方程 σ^2 的无偏估计如式(6-16):

$$\hat{\sigma}^2=\dfrac{\sum e_i^2}{n-3} \quad (6\text{-}16)$$

其中,$\sum e_i^2$ 的简化计算公式如式(6-17):

$$\sum e_i^2=\sum y_i^2-\hat{\beta}_1\sum y_ix_{i1}-\hat{\beta}_2\sum y_ix_{i2} \quad (6\text{-}17)$$

6.2 普通最小二乘法的 Python 实现

尽管普通最小二乘法的原理稍显复杂,但是其在 Python 中的实现却非常直观。

下面基于一个上市企业员工工资、销售收入、权益收益率、产业等数据项的数据文件来引入二元线性回归模型,该数据也是国内外计量经济学的常用数据文件之一。这里主要考虑企业销售收入对于员工工资的影响,或者说讨论企业员工工资变化的原因是否与企业销售收入有关。这种因果关系在二元线性回归模型中可以表述为,如果企业销售收入上升1个单位,在其他因素不变的情况下,员工工资能提高(或减少)多少单位。

6.2.1 载入 Python 相关工具包

进行最小二乘回归之前,需要先载入常用的 Python 工具包,包括 Pandas、NumPy、Statsmodels、SciPy 和 Matplotlib。在搭建更为复杂的模型时,同样需要先进行这一步,因此每一次只需要复制以下代码:

```
1   # 加载 Pandas 工具,并将其命名为 pd
2   import pandas as pd
3   # 加载 Statsmodels 工具,并将其命名为 sm
4   import statsmodels.api as sm
5   # 加载 NumPy 工具,并将其命名为 np
6   import numpy as np
7   # 加载 Matplotlib 工具,并将其命名为 plt
8   import matplotlib.pyplot as plt
9   # 导入统计函数子包 Scipy.stats
10  from scipy import stats
```

6.2.2 导入并进行数据粗处理

工具包载入完成后,能够使用 Pandas 工具包作为主要的处理工具,加载原始数据,并进行必要的粗处理。

使用 Pandas 读入 Excel 文件的语句,具体代码如下:

```
1   df= pd.read_excel('/1.xls',header= 0)
```

这一语句表示将在与本代码同一目录下的文件"1.xls"载入 df 变量中。当然,也可以指定具体的路径,如"C:/Users/Administrator/Desktop/1.xls"表示在桌面的"1.xls"文件。header=None 表示第一行数据不作为标题,这是因为载入的数据集没有列名称,如果第一行为列标题,则可以改为 header=0。

载入数据后,使用 df.head()方法显示出数据前 5 条数据,使我们对数据有整体了解,也可以指定显示多少条数据,如 df.head(10)表示前 10 条数据。

当然,也可以不指定 head,直接输入 df 显示更为全面的数据情况。

```
1   df
```

按照分析需要,对两个关联的变量进行重新命名,以便在接下来的回归中可以直接

调用。这里采用 Pandas 修改变量的语法,具体代码如下:

```
1  df.rename(columns= {0:'salary',2:'sales'},inplace= True)
```

这里将第 0 列(相当于 Excel 中的第 1 列)命名为 salary,将第 2 列命名为 sales,即为本案例分析的被解释变量和解释变量。需要特别注意的是,Python 计数是从 0 开始的,第 1 列的序号是 0,以此类推。

接下来需要对数据进行去空值处理,如果数据中存在空值,将导致数据建模出错,因此这一步尤为必要。具体代码如下:

```
1  # 取数据中非 NaN 值,注意这一步应当在一开始截取数据后就运行,如果变成 DataFrame
    就无法执行了
2  dd= df[df['salary'].notnull()]
3  dd= dd[dd['sales'].notnull()]
```

此处仅需要用到两个变量,如果要使得数据结构更加简单,可以提取需要的两个变量,执行以下语句:

```
1  dd= dd[['salary','sales']]
```

然后,运行 dd.head()命令,查看前 5 条数据会发现,相比之前的数据结果要更为简单。注意这里的变量名称已经由 df 变为 dd。具体代码如下:

```
1  dd.head()
```

至此,我们得到需要的数据,可以进行建模和拟合数据的工作了。在当前分析中,拟建立回归模型,如式(6-18):

$$\text{salary} = \beta_0 + \beta_1 \text{sales} + u \tag{6-18}$$

在这一模型中,考虑 sales 对于 salary 的影响,主要关注的指标为 β_1 系数的大小,表示在其他因素不变的情况下,sales 变化 1 个单位将引起 salary 的变化。要建立该模型,需要确定解释变量和被解释变量,可以采用下述代码:

```
1  dd.exog= pd.DataFrame()
2  dd.exog['sales']= dd['sales']
```

使用该语句将 sales 这一变量载入 dd.exog 中,方便调用,具体代码如下:

```
1  do= pd.DataFrame()
2  do['salary']= dd['salary']
```

使用该语句将 salary 这一被解释变量载入 do 中,方便调用。在回归模型中存在常数项 β_0,因而需要在解释变量中加入常数项,具体代码如下:

```
1  dd.exog= sm.add_constant(dd.exog)
```

最后,还有非常重要的一步,就是将数据类型统一:

```
1  # 注意,这里的数据应当转换成 float
2  do= do.astype(float)
3  dd.exog= dd.exog.astype(float)
```

6.2.3 建立最小二乘法模型

建立最小二乘法模型的具体代码如下:

```
1  # 构建最小二乘法模型
2  ols_model= sm.OLS(do,dd.exog)
```

该语句用于建立被解释变量为 do、解释变量为 dd.exog 的线性模型。建立模型之后,采用下述代码进行数据拟合:

```
1  ols_model_result= ols_model.fit()
```

执行完该命令后,相关的拟合结果均保存在 ols_model_result 变量中。通过执行以下命令可以将结果进行展示:

```
1  ols_model_result.summary()
```

输出结果,如图 6-1 所示。

Dep. Variable:	salary	R-squared:	0.014
Model:	OLS	Adj. R-squared:	0.010
Method:	Least Squares	F-statistic:	3.018
Date:	Fri, 24 Feb 2023	Prob (F-statistic):	0.0838
Time:	09:13:17	Log-Likelihood:	-1804.4
No. Observations:	209	AIC:	3613.
Df Residuals:	207	BIC:	3620.
Df Model:	1		
Covariance Type:	nonrobust		

	coef	std err	t	P>|t|	[0.025	0.975]
const	1174.0049	112.813	10.407	0.000	951.596	1396.414
sales	0.0155	0.009	1.737	0.084	-0.002	0.033

Omnibus:	315.565	Durbin-Watson:	2.082
Prob(Omnibus):	0.000	Jarque Bera (JB):	33496.452
Skew:	7.076	Prob(JB):	0.00
Kurtosis:	63.384	Cond. No.	1.51e+04

图 6-1 最小二乘法估计结果

结果中的"coef"是拟合的 β_1 的系数值,"std err"是回归系数的标准误,"t"为 t 统计量用于检验系数值的显著性,"p>|t|"为 p 值表示系数值的显著性,当 p 值小于 0.05 时,表示在 5% 的显著性水平下拒绝原假设,以此类推。根据回归结果,可以建立拟合方程如式(6-19):

$$\widehat{salary} = 1\,174.004\,9 + 0.015\,5\,\widehat{sales} \tag{6-19}$$

从 p 值来看,sales 的 p 值为 0.084,表示在 10% 的显著性水平下拒绝原假设,因而结果具有一定的可信度。从结果来看,如果 sales 每提高 1 个单位,salary 就提高 0.015 5 个单位。截距项表示 sales 等于零时,salary 的水平为 1 174.004 9。"R-squared"表示模型的拟合优度 R^2,一般而言,拟合优度越高,表示模型的拟合效果越好。从该模型结果来看,$R^2=0.014$,表示 salary 波动的 1.4% 可以被 sales 指标解释。

实操案例 6-1 企业股价的市场影响因素——线性回归模型

本实操案例采用最小二乘法来估计一家上市公司股价与上证指数之间的关系。在进行模型估计之前,使用 Python 的 Tushare 库来爬取上市公司股价和上证指数股价的历史数据。

(1) 导入 Tushare 库和 Pandas 库。Tushare 库用于从 Tushare 网站上获取历史股价数据,Pandas 库用于处理数据。具体代码如下:

```
1  import tushare as ts
2  import pandas as pd
```

(2) 使用 Tushare 库获取上市公司股票代码为"601318"的历史股价数据和上证指数历史数据,并将它们合并成一个数据框。具体代码如下:

```
1  df_stock = ts.get_hist_data('601318')
2  df_index = ts.get_hist_data('sh')
3  df = pd.merge(df_stock['close'], df_index['close'], left_index= True, right
   _index= True, suffixes= ('_股票', '_上证指数'))
```

（3）导入 SciPy 和 Statsmodels。具体代码如下：

```
1  from scipy import stats
2  import statsmodels.api as sm
```

（4）模型回归。我们使用 Statsmodels 库中的 OLS 函数来建立最小二乘法模型。其中，X 是自变量，y 是因变量。具体代码如下：

```
1  ols_model = sm.OLS(X, y)
```

我们使用 fit() 方法来拟合模型并计算回归系数和截距等统计学指标。具体代码如下：

```
1  ols_model_result = ols_model.fit()
```

最后，我们使用 summary() 方法来输出回归结果，包括 R-squared、t-values、p-values 等指标。具体代码如下：

```
1  ols_model_result.summary()
```

在本实操案例中，我们采用的变量是股票价格和上证指数价格，数据是 Tushare 网站上的历史股价数据，使用的爬虫方法是 Tushare 库的 get_hist_data 方法。我们使用最小二乘法来估计股票价格与上证指数价格之间的线性关系，并输出回归系数和截距来解释这个关系。完整的实操代码如下：

```
1  # 导入相关库
2  import tushare as ts
3  import pandas as pd
4  # 获取上市公司股票代码为'601318'的历史股价数据
5  df_stock = ts.get_hist_data('601318')
6  # 获取上证指数历史数据
7  df_index = ts.get_hist_data('sh')
8  # 合并数据
9  df = pd.merge(df_stock['close'], df_index['close'], left_index= True, right
   _index= True, suffixes= ('_股票', '_上证指数'))
10 from sklearn.linear_model import LinearRegression
11 # 构建特征矩阵和标签向量
12 X = df['close_上证指数'].values.reshape(- 1, 1)     # 自变量 X 为上证指数收盘价
13 y = df['close_股票'].values.reshape(- 1, 1)         # 因变量 y 为股票收盘价
```

```
14  # 模型回归
15  from scipy import stats
16  import statsmodels.api as sm
17  ols_model= sm.OLS(X, y)
18  ols_model_result= ols_model.fit()
19  ols_model_result.summary()
```

输出结果,如图 6-2 所示。

Dep. Variable:	y	R-squared (uncentered):	0.945
Model:	OLS	Adj. R-squared (uncentered):	0.945
Method:	Least Squares	F-statistic:	1.032e+04
Date:	Mon, 08 May 2023	Prob (F-statistic):	0.00
Time:	18:24:46	Log-Likelihood:	2439.5
No. Observations:	605	AIC:	4881.
Df Residuals:	604	BIC:	4885.
Df Model:	1		
Covariance Type:	nonrobust		

	coef	std err	t	P>|t|	[0.025	0.975]
x1	0.0167	0.000	101.595	0.000	0.016	0.017

Omnibus:	99.380	Durbin-Watson:	0.004
Prob(Omnibus):	0.000	Jarque-Bera (JB):	151.272
Skew:	1.225	Prob(JB):	1.42e-33
Kurtosis:	2.978	Cond. No.	1.00

图 6-2 企业股价的市场影响因素估计结果

结果中的回归系数表示上证指数收盘价每增加 1 个单位,该股票收盘价会增加 55.6379 个单位。回归系数的值越大,表示自变量对因变量的影响越大。

6.3 对数化模型的 Python 实现

经济管理数据对数化的知识点在前面的章节已经介绍,这里主要通过多元线性回归的案例,对其应用进行阐释。

实操案例6-2　企业流动性的影响因素——对数化模型

在本实操案例中,我们对企业流动性进行分析:流动比率作为被解释变量,变量名为流动比率(liquidity ratio);解释变量依次为流动资产投资的相对规模(scale)、易变现率(bianxianlv)、存货周转率(ITO)、应付账款周转率(APTR)、总资产的自然对数(Lnasset)。

1) 模型拟合前的数据准备

对原始数据进行处理,以 2002—2020 年房地产上市公司财务报表为研究样本,数据来源于 CSMAR 数据库

(1) 准备原始数据:

① 将下载后的 Excel 文件中报表类型为 B 的数据删除。利用筛选功能,选择报表类型为 B 的数据后全选删除。

② 使用 VLOOKUP 函数,以证券代码、会计期间为查找值,将利润表里需要用到的数据一一对应载入资产负债表,如图 6-3、图 6-4 所示。

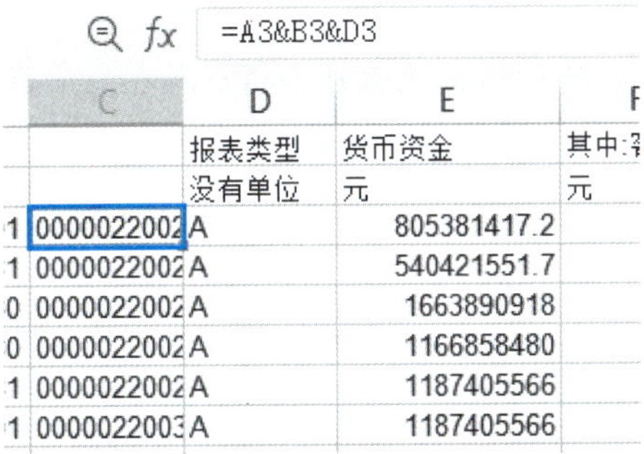

图 6-3　合并 Excel 单元格

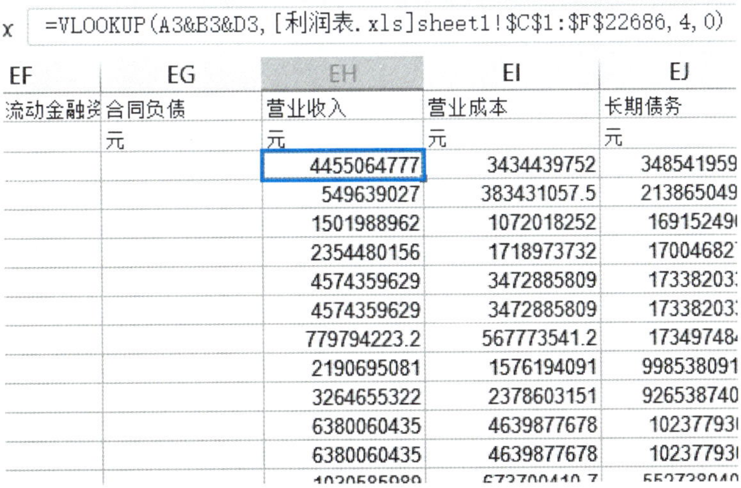

图 6-4　VLOOKUP 函数处理 Excel 单元格

③ 分别计算出被解释变量、解释变量的值,同时用 IFERROR 函数将错误值显示为空值,如图 6-5 所示。

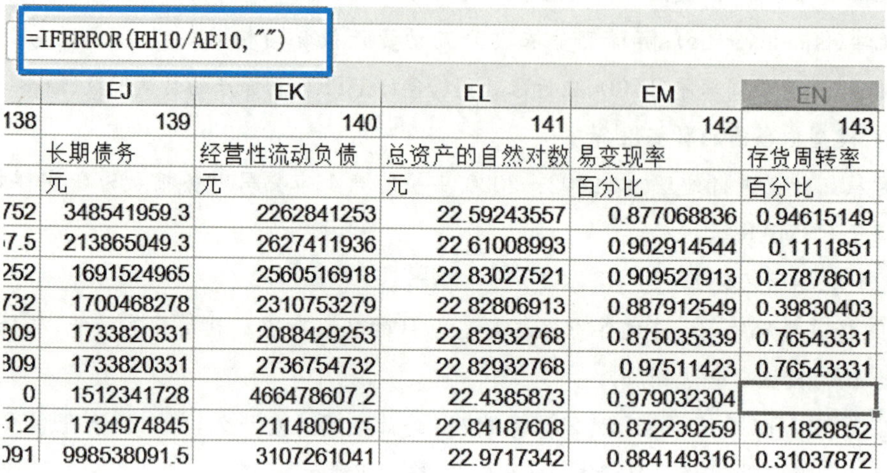

图 6-5 替换 Excel 单元格错误值

④ 在表的第一行(从 0 开始),标注出每个项目所在的列数。

(2) 加载 Python 工具包。Python 常用的工具包有 Pandas、NumPy、Statsmodels、SciPy 和 Matplotlib,在 Python 中加载工具包的代码时,只需重复使用以下代码:

```
1  # 加载 Pandas 工具,并将其命名为 pd
2  import pandas as pd
3  # 加载 Statsmodels 工具,并将其命名为 sm
4  import statsmodels.api as sm
5  # 加载 NumPy 工具,并将其命名为 np
6  import numpy as np
7  # 导入统计函数子包 Scipy.stats
8  from scipy import stats
```

(3) 加载并整理数据,使用 Pandas 读入 Excel 文件的语句:

```
1  data= pd.read_excel('数据.xls',header= None)
```

其意义是:

① 将存放在 D 盘的"行业数据目录下的数据.xls"文件中的数据加载到 data 这个变量中,存放位置可以人为修改。

② 因为给定数据集文件中的数据都是没有列名称的,每一列数据是什么需要用其他文件来说明,所以语句中 header=None 表示第一行数据不是标题。

(4)将加载好的数据赋值到 df 中,这一步是为了保护原始数据不被丢失。修改变量所在列的名称,将有意义的变量名添加到 df 中。具体代码如下:

```
1  df= data
2  # 重命名
3  df.rename(columns= {148:'liquidity ratio',147:'scale',142:'bianxianlv',143:'ITO',144:'APTR',141:'Lnasset'},inplace= True)
```

(5)去掉原始数据不需要的部分。可以运用以下语句去除大量空值:

```
1  dd= df[df['liquidity ratio'].notnull()]
2  dd= dd[dd['scale'].notnull()]
3  dd= dd[dd['bianxianlv'].notnull()]
4  dd= dd[dd['ITO'].notnull()]
5  dd= dd[dd['APTR'].notnull()]
6  dd= dd[dd['Lnasset'].notnull()]
```

需要注意的是,去除空值这一步需要在数据截取之后运行。

(6)获取需要的数据,建立变量储存器,dd.exog 作为外生变量,将需要用到的数据存入变量中,具体代码如下:

```
1  # 获取需要的数据
2  dd.exog= pd.DataFrame()
3  dd.exog['scale']= dd['scale']
4  dd.exog['bianxianlv']= dd['bianxianlv']
5  dd.exog['ITO']= dd['ITO']
6  dd.exog['APTR']= dd['APTR']
7  dd.exog['Lnasset']= dd['Lnasset']
8  do= pd.DataFrame()
9  do['liquidity ratio']= dd['liquidity ratio']
```

输出结果,如图 6-6 所示。

我们还需要去除数据中不需要的文字部分(图 6-6 中框内部分),可运用以下语句:

```
1  dd= dd.exog.drop(index= 1)
```

或

```
1  dd= dd.exog.drop([0,1,2],axis= 0)
```

采用下述语句加入常数项:

	0	1	2	3	4	5	6	7	8	9	…	
0	证券代码	会计期间	NaN	报表类型	货币资金	其中:客户资金存款	结算备付金	其中:客户备付金	现金及存放中央银行款项	存放同业款项	…	长期
1	没有单位	没有单位	NaN	没有单位	元	元	元	元	元	元	…	
2	000002	2002-01-01	0000022002-01-01A	A	8.05381e+08	NaN	0	NaN	NaN	NaN	…	3.48542e
3	000002	2002-03-31	0000022002-03-31A	A	5.40422e+08	NaN	0	NaN	NaN	NaN	…	2.13865e
4	000002	2002-06-30	0000022002-06-30A	A	1.66389e+09	NaN	0	NaN	NaN	NaN	…	1.69152e

图 6-6　查看数据情况

```
1  # 将常数项加到解释变量中
2  dd.exog= sm.add_constant(dd.exog)
3  # 将数据类型改为float
4  do= do.astype(float)
5  dd.exog= dd.exog.astype(float)
```

2) 构建最小二乘法模型

构建最小二乘法模型,具体代码如下：

```
1  ols_model= sm.OLS(do,dd.exog)
2  ols_model_result= ols_model.fit()
3  ols_model_result.summary()
```

结果如图 6-7 所示。

执行语句 ols_model_result.summary()可以得到结果。结果中的"coef"是斜率系数或回归系数,"std err"是各个回归系数的标准误,"t"为 t 统计量,"p>|t|"为 p 值。

3) 结果分析

当用流动比率(liquidity ratio)作为被解释变量时,总资产的自然对数(Lnasset)每提高一个单位,对被解释变量的影响是－0.1112 个单位,并且在 1‰的水平上显著。其他控制变量包括流动资产投资的相对规模(scale)、易变现率(bianxianlv)、存货周转率(ITO)、应付账款周转率(APTR)分别每提高一个单位,对被解释变量的影响分别是 $3.232×10^{-7}$、1.1477、0.0002、$1.527×10^{-5}$ 个单位。

Dep. Variable:	liquidity ratio		R-squared:		0.062	
Model:	OLS		Adj. R-squared:		0.062	
Method:	Least Squares		F-statistic:		149.0	
Date:	Fri, 10 Jun 2022		Prob (F-statistic):		1.29e-153	
Time:	18:04:19		Log-Likelihood:		-22083.	
No. Observations:	11220		AIC:		4.418e+04	
Df Residuals:	11214		BIC:		4.422e+04	
Df Model:	5					
Covariance Type:	nonrobust					

	coef	std err	t	P>|t|	[0.025	0.975]
const	3.5742	0.231	15.472	0.000	3.121	4.027
scale	3.232e-07	1.27e-06	0.254	0.799	-2.17e-06	2.81e-06
bianxianlv	1.1477	0.045	25.668	0.000	1.060	1.235
ITO	0.0002	0.000	0.654	0.513	-0.000	0.001
APTR	1.527e-05	2.15e-05	0.711	0.477	-2.68e-05	5.74e-05
Lnasset	-0.1112	0.010	-10.875	0.000	-0.131	-0.091

Omnibus:	20675.144	Durbin-Watson:		0.448
Prob(Omnibus):	0.000	Jarque-Bera (JB):		54177588.696
Skew:	13.531	Prob(JB):		0.00
Kurtosis:	342.346	Cond. No.		1.82e+05

图 6-7　最小二乘估计结果

回归结果中的"R-squared 0.062"就是 R2 的计算结果，结果表明：流动比率波动的 6.2% 可以被流动资产投资的相对规模（scale）、易变现率（bianxianlv）、存货周转率（ITO）、应付账款周转率（APTR）、总资产的自然对数多个能力指标共同作用解释。

第 7 章

Python 与数据统计推断

知识导航

$$\text{Python 与数据统计推断}\begin{cases}\text{统计分析推断的数学表示}\\\text{P 值统计及图形解释}\begin{cases}\text{P 值的定义}\\\text{图形解释}\end{cases}\\\text{单双侧 t 检验及 Python 实现}\begin{cases}\text{单侧 t 检验}\\\text{双侧 t 检验}\end{cases}\\\text{置信区间}\\\text{线性组合的假设检验}\\\text{标准化回归模型的 Python 实现}\end{cases}$$

学习目标

1. 学习统计分析推断的数学表示
2. 学习 P 值、t 检验及置信区间的 Python 实现
3. 学习线性组合的假设检验
4. 学习标准化回归模型的 Python 实现

7.1 统计分析推断的数学表示

在经济管理大数据分析中,统计推断是一项非常重要的工作。经济管理数据的因果关系推断,通过建模获得因果关系的参数,通过统计推断的工作对参数的可信度进行判定。例如,在企业运营的数据分析中,通过采样的方法获得企业的样本数据,并通过建模分析获得一定的参数,但是该样本数据的参数是否代表总体数量特征,需要以概率形式的方式,基于小概率事件提出待检验的原假设,通过小概率事件发生的反证法来决定接受或是拒绝原假设,亦即本章要提到的显著性检验等相关的知识点。

在基本假设成立的情况下,线性回归模型的普通最小二乘估计具有良好的统计性质(小样本性质与大样本性质),因此可用样本回归函数对总体回归模型进行统计推断。对总体回归模型的统计推断主要包括对变量的显著性检验及对模型总体线性的显著性检验,前者包括对单个参数的假设检验与区间估计,后者涉及对多个参数的联合假设检验。

为了能够对多元回归模型各变量的参数进行统计检验或统计推断,需要先知道各参数估计量的概率分布特征。

在小样本下,依据模型随机干扰项的正态性假设,可以得到在给定解释变量的样本观测值的条件下,被解释变量 Y 服从正态分布,如式(7-1):

$$Y \mid X \sim N(X\beta, \sigma^2 I_n) \tag{7-1}$$

而参数估计量 $\hat{\beta}$ 是 Y_i 的线性函数 $\hat{\beta}=(X'X)^{-1}X'Y$,服从正态分布。在 $\hat{\beta}$ 的小样本性质讨论中已经知道它的期望与方差,故可得式(7-2):

$$\hat{\beta} \mid X \sim N[\beta, \sigma^2(X'X)^{-1}] \tag{7-2}$$

于是,在给定样本的条件下,各 $\hat{\beta}_j$ 服从如式(7-2)形式的正态分布:

$$\hat{\beta}_j \sim N(\beta_j, \sigma^2 c_{jj}), j=0, 1, 2, \cdots, k_\circ$$

在大样本下,类似于一元线性回归模型,只要样本具有独立、同方差的随机分布性质(i.i.d),如通过简单随机抽样获取的,则无须随机干扰项的正态性假设,同时将解释变量的严格外生性假设放松至它们与随机干扰项不同期相关,通过中心极限定理,可以证明参数估计量 $\hat{\beta}_j$ 的渐进分布仍然具有式(7-3)的形式:

$$\hat{\beta} \mid X \sim N[\beta, \sigma^2(X'X)^{-1}] \tag{7-3}$$

因此,各 $\hat{\beta}_j$ 在大样本下的渐进分布仍然是具有式(7-2)形式的正态分布。

在获取各参数估计量分布形式的信息后,就可依据样本函数对总体模型的参数进行显著性检验。

对于多元线性回归模型,无论是小样本还是大样本,参数估计量都服从如式(7-2)的正态分布,而在随机干扰项的方差未知并通过样本来估计时,可通过构造 t 统计量来对总体参数 β_j 的假设进行显著性检验,如式(7-4):

$$t=\frac{\hat{\beta}_j - \beta_j}{S_{\hat{\beta}j}}=\frac{\hat{\beta}_j - \beta_j}{\sqrt{c_{jj}\hat{\sigma}^2}} \sim t(n-k-1) \tag{7-4}$$

其中,$S_{\hat{\beta}j}$ 为 $\hat{\beta}_j$ 的标准差,随机干扰项的方差估计可采用无偏估计量 $\hat{\sigma}^2 = \dfrac{e'e}{n-k-1}$。在小样本下,式(7-1)构造的 t 统计量服从精确的自由度为 $(n-k-1)$ 的 t

分布;在大样本下,其渐进分布是自由度为 $(n-k-1)$ 的 t 分布。

在回归分析中,往往关心某个解释变量 X 是否对 Y 有显著的影响,因此针对某变量 $X_j(j=1,2,\cdots,k)$ 设计的原则与备择假设,如式(7-5):

$$H_0:\beta_j=0, \quad H_1:\beta_j\neq 0 \tag{7-5}$$

给定显著性水平 α,得到临界值 $t_{\frac{\alpha}{2}}(n-k-1)$,于是可根据式(7-6)来决定拒绝或不拒绝原假设 H_0,从而判定对应的解释变量是否对被解释变量有影响。

或

$$|t|>t_{\frac{\alpha}{2}}(n-k-1)$$
$$|t|\leqslant t_{\frac{\alpha}{2}}(n-k-1) \tag{7-6}$$

7.2　P 值统计及图形解释

7.2.1　P 值的定义

P 值是用于判定假设检验结果的一个重要参数。在一个假设检验问题中,利用样本观测值能够作出拒绝原假设的最小显著性水平称为 P 值(P-value)。如果 P 值很小,说明原假设发生的概率很小,根据小概率原理,我们就有理由拒绝原假设,P 值越小,我们拒绝原假设的理由越充分。

P 值检验的基本方法是:选择一个统计检验量 $T(X)$,在假定原假设为真时根据样本计算此检验统计量的值 $T(X)$ 及概率 P。如果是双侧检验,$P=P\{|T(X)|\leqslant T(x)\}=2P\{|T(X)|\geqslant T(x)\}$;如果是单侧检验,$P=P\{|T(X)|\geqslant T(x)\}$(右侧检验),或 $P=P\{|T(X)|\leqslant T(x)\}$(左侧检验),由此计算的概率即为 P 值。在实际应用中,通常认为若此 P 值小于事先给定的显著性水平 α,则拒绝原假设;若此 P 值大于事先给定的显著性水平 α,则不拒绝原假设。

7.2.2　图形解释

假设样本服从均值为 0 的标准正态分布,计算样本数据与该假设的一致性程度,并用 P 值表示。

具体来说,我们假设总体均值为 0,然后从该总体中抽取了一个大小为 100 的样本,并计算样本均值和标准误差。我们计算出 t 统计量,该统计量表示样本均值与假设值之间的标准误差差异,进而计算出 P 值。P 值表示在假设成立的情况下,观测到与样本均值相同或更极端的值的概率,P 值越小,表示观测到的样本均值与假设值之间的差异越大;反之,P 值越大,表示差异越小。一般来说,当 P 值小于显著性水平时,我们会拒绝原假设,否则我们会接受原假设。显著性水平通常被设置在 0.05 或 0.01,具体取决于研究者的需求和背景。图 7-1 展示了标准正态分布的概率密度函数、样本均值和假设值的垂直线,以及 t 统计量两侧的阴影区域,该区域的面积就是 P 值。在图的下方,还显示了计算出的 P 值的数值。

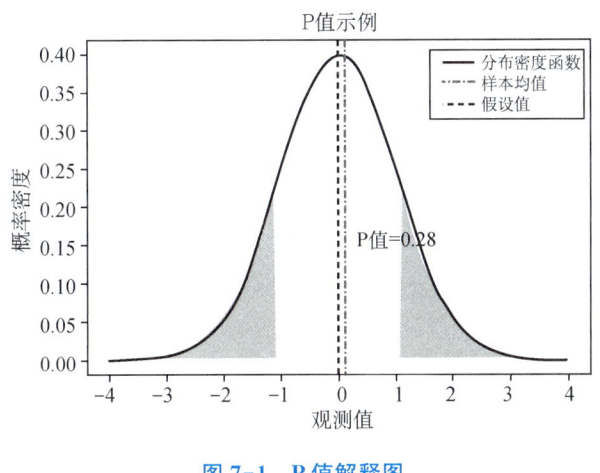

图 7-1　P 值解释图

7.3　单双侧 t 检验及 Python 实现

7.3.1　单侧 t 检验

7.3.1.1　左单侧检验

图 7-2 是左单侧检验示意图,它的原假设形式为:$H_0:\mu \geqslant \mu_0; H_0:\mu < \mu_0$,也被称为下限检验。

7.3.1.2　右单侧检验

图 7-3 是右单侧检验示意图,它的原假设形式为:$H_0:\mu \leqslant \mu_0; H_0:\mu > \mu_0$,也被称为上限检验。图 7-3 的结果展示了总体分布和样本分布的概率密度函数、临界值和检验统计量的竖线,以及拒绝域和接受域的填充区域。图 7-3 中,总体分布对应虚线,样本分布对应点划线,检验统计量对应点线,临界值对应实线。

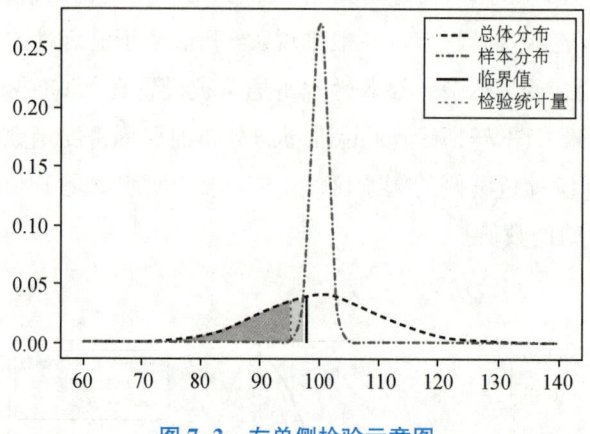

图 7-2　左单侧检验示意图

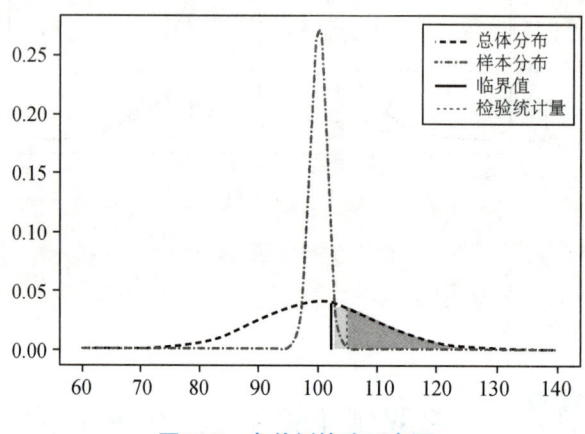

图 7-3　右单侧检验示意图

7.3.2　双侧 t 检验

图 7-4 是双侧检验示意图,有两个拒绝域、两个临界值,每个拒绝域的面积为 $\alpha/2$。如果原假设的命题为 $H_0:\mu=\mu_0;H_0:\mu\neq\mu_0$ 的形式,则属于双侧检验。在双侧检验中,只要 $\mu>\mu_0$ 或 $\mu<\mu_0$ 两者之中有一个成立,就可以拒绝原假设。图 7-4 的结果展示了总体分布和样本分布的概率密度函数、临界值和检验统计量的竖线,以及拒绝域和接受域的填充区域。图 7-4 中,总体分布对应虚线,样本分布对应点划线,检验统计量对应点线,临界值对应实线。

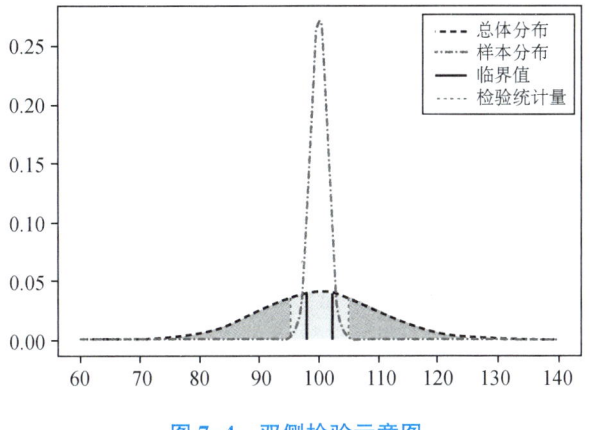

图 7-4 双侧检验示意图

实操案例 7-1　企业偿债能力影响因素——单双侧 t 检验

本实操案例以 2002—2021 年上市公司为研究样本,数据主要来源于 CSMAR 数据库,探讨企业偿债能力影响因素的单双侧 t 检验。这里采用流动比率作为被解释变量,变量名为 liquidity ratio,解释变量依次为流动资产投资的相对规模(scale)、易变现率(bianxianlv)、存货周转率(ITO)、应付账款周转率(APTR)。企业的偿债能力受到营运资本管理政策的影响,包括投资管理政策和融资管理政策。这里选用流动资产占总收入的比例来衡量企业营运资本的投资管理政策,增加流动资产投资的相对规模,可以确保经营稳健性和安全性,缓解资金紧张的局面,从而提升公司的短期偿债能力。企业营运资本的融资管理政策可通过确定流动资产所需资金中短期资金来源和长期资金来源的比例,这里用易变现率来衡量,计算公式如下:

$$易变现率=(权益+长期债务+经营性流动负债-长期资产)\div 流动资产$$

此外,企业的资产规模、存货周转率、应付账款周转率均作为控制变量加到模型中。由此构建多元线性回归模型,如式(7-7):

$$\text{liquidity ratio} = \beta_0 + \beta_1 \text{scale} + \beta_2 \text{bianxianlv} + \beta_3 \text{ITO} + \beta_4 \text{APTR} + \beta_5 \text{Lnasset} + \mu \tag{7-7}$$

接下来使用 Python 实现以上分析:

```
1  # 载入相关工具包
2  import pandas as pd
3  import statsmodels.api as sm
4  import numpy as np
5  from scipy import stats
```

```
6   # 读取数据
7   data= pd.read_excel('数据.xls',header= None)
8   # 将数据存放到df变量中
9   df= data
10  # 重命名
11  df.rename(columns= {148:'liquidity ratio',147:'scale',142:'bianxianlv',143:
    'ITO',144:'APTR',141:'Lnasset'},inplace= True)
12  # 取数据中非NaN值,注意这一步应当在一开始截取数据后就运行,在后面如果变成
    DataFrame就无法执行了
13  dd= df[df['liquidity ratio'].notnull()]
14  dd= dd[dd['scale'].notnull()]
15  dd= dd[dd['bianxianlv'].notnull()]
16  dd= dd[dd['ITO'].notnull()]
17  dd= dd[dd['APTR'].notnull()]
18  dd= dd[dd['Lnasset'].notnull()]
19  dd
```

输出结果,如图7-5所示。

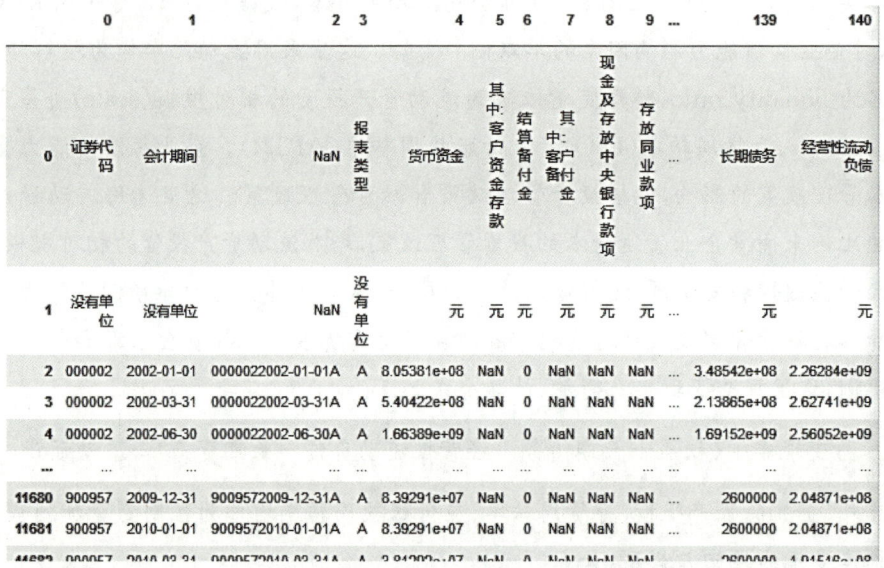

图7-5 查看数据

```
1   # 获取有关数据用于建立最小二乘法
2   # ddd = pd.Series(dd.exog)
3   dd.exog= pd.DataFrame()
4   dd.exog['scale']= dd['scale']
5   dd.exog['bianxianlv']= dd['bianxianlv']
6   dd.exog['ITO']= dd['ITO']
7   dd.exog['APTR']= dd['APTR']
```

```
8   dd.exog['Lnasset']= dd['Lnasset']
9   do= pd.DataFrame()
10  do['liquidity ratio']= dd['liquidity ratio']
11  dd.exog= dd.exog.drop([0,1],axis= 0)
12  dd
13  dd.exog= sm.add_constant(dd.exog)
14  do= do.drop([0,1],axis= 0)
15  # 注意,这里的数据应当转换成float
16  do
17  do= do.astype(float)
18  dd.exog= dd.exog.astype(float)
19  type(do)
20  # 构建最小二乘法模型
21  ols_model= sm.OLS(do,dd.exog)
22  ols_model_result= ols_model.fit()
23  ols_model_result.summary()
```

输出结果,如图7-6所示。

Dep. Variable:	liquidity ratio	R-squared:	0.062
Model:	OLS	Adj. R-squared:	0.062
Method:	Least Squares	F-statistic:	149.0
Date:	Wed, 23 Nov 2022	Prob (F-statistic):	1.25e-153
Time:	14:58:04	Log-Likelihood:	-22085.
No. Observations:	11221	AIC:	4.418e+04
Df Residuals:	11215	BIC:	4.423e+04
Df Model:	5		
Covariance Type:	nonrobust		

	coef	std err	t	P>|t|	[0.025	0.975]
const	3.5742	0.231	15.472	0.000	3.121	4.027
scale	3.232e-07	1.27e-06	0.254	0.799	-2.17e-06	2.81e-06
bianxianlv	1.1477	0.045	25.670	0.000	1.060	1.235
ITO	0.0002	0.000	0.654	0.513	-0.000	0.001
APTR	1.527e-05	2.15e-05	0.711	0.477	-2.68e-05	5.74e-05
Lnasset	-0.1112	0.010	-10.876	0.000	-0.131	-0.091

Omnibus:	20677.434	Durbin-Watson:	0.448
Prob(Omnibus):	0.000	Jarque-Bera (JB):	54192167.432
Skew:	13.532	Prob(JB):	0.00
Kurtosis:	342.376	Cond. No.	1.82e+05

图7-6 最小二乘估计结果

从模型运行结果看,"coef"反映了各个变量的影响系数,从中看出流动资产投资的相对规模的提高对偿债能力的影响只有 3.232e−07,并且从 P 值看并不显著;易变现率的提高对偿债能力的影响系数为 1.1477,并且在 1%的水平上显著;存货周转率的提高对偿债能力的影响只有 0.0002,并且从 P 值看并不显著;应付账款周转率的提高对偿债能力的影响只有 1.527e−05,并且从 P 值看并不显著;总资产的自然对数的提高对偿债能力的影响为−0.1112,并且在 1%的水平上显著,表明偿债能力的变化受到了易变现率的显著正向影响以及资产规模的负向影响。回归结果中的"R-squared 0.062"为模型的拟合优度,虽然很小,但是我们不能因此而否定模型价值。

接着,计算显著性水平 5%情况下的 t 分布双侧拒绝临界值,具体代码如下:

```
1   # 计算样本量
2   n= len(data)
3   # 确定1个解释变量1个约束条件的自由度
4   df= n- 1- 1
5   # 直接读取t统计量数值
6   t1= ols_model_result.tvalues['scale']
7   t2= ols_model_result.tvalues['bianxianlv']
8   t3= ols_model_result.tvalues['ITO']
9   t4= ols_model_result.tvalues['APTR']
10  t5= ols_model_result.tvalues['Lnasset']
11  print(t1,t2,t3,t4,t5)
12  # 计算显著性水平5%情况下的t分布双侧拒绝临界值
13  c1= stats.t.ppf(0.05/2,df)
14  c2= stats.t.ppf(1- 0.05/2,df)
15  print(c1,c2)
```

输出结果:

0.25427379083147733 25.669606449221718 0.6540318332616674 0.7107797295037857 -10.87579434447147 - 1.960166175761211 1.9601661757612105

结果的第一行展示了 5 个变量的 t 统计量,第二行展示了显著性水平 5%情况下的 t 分布双侧拒绝临界值,从系数比较看,bianxianlv 及 Lnasset 均显著地拒绝了原假设,其他变量则不显著。

7.4 置信区间

参数的假设检验用于判断总体参数的真值是否是某个假设的值,尤其是当假设参数值为 0 时,可用来判别某解释变量是否对被解释变量有显著的线性影响。如果参数的假设检验是通过对单个"点"来考察参数真值可能的取值,那么参数的区间估计就是直接以一定的概率大小来考察参数真值可能所在的区间范围。

参数的置信区间估计的基本做法是,预先选择一个概率 α ($0<\alpha<1$),并求一个正数 δ,使得随机区间 $(\hat{\beta_j}-\delta, \hat{\beta_j}+\delta)$ 包含参数 β_j 的真值的概率为 $1-\alpha$,如式(7-8):

$$P(\hat{\beta_j}-\delta \leqslant \beta_j \leqslant \hat{\beta_j}+\delta)=1-\alpha \tag{7-8}$$

如果存在这样一个区间,称为置信区间,$1-\alpha$ 为置信系数(置信度),α 为显著性水平,置信区间的端点称为置信限。

在变量的显著性检验中,构造 t 统计量如式(7-9):

$$t=\frac{\hat{\beta_j}-\beta_j}{S_{\hat{\beta}j}} \sim t(n-k-1) \tag{7-9}$$

推出在 $1-\alpha$ 的置信度下,β_j 的置信区间为:

$$(\hat{\beta_j}-t_{\frac{\alpha}{2}} \times S_{\hat{\beta}j}, \hat{\beta_j}+t_{\frac{\alpha}{2}} \times S_{\hat{\beta}j})$$

其中,$t_{\frac{\alpha}{2}}$ 为 t 分布表中显著性水平为 α、自由度为 $n-k-1$ 的临界值。

在实际应用中,我们希望置信度越大越好,置信区间越小越好。可通过以下方法缩小置信区间:

(1) 增大样本容量 n。在同样的置信度下,n 越大,临界值 $t_{\frac{\alpha}{2}}$ 越小;同样,增大样本容量,在一般情况下可使 $S_{\hat{\beta}j}=\sqrt{c_{jj}\frac{e'e}{n-k-1}}$ 减小,因为式中分母的增大是肯定的,分子不一定增大。

(2) 提高模型的拟合优度,以减小残差平方和 $e'e$。设想一种极端情况,如果模型完全拟合样本观测值,残差平方和为 0,则置信区间也为 0。

(3) 提高样本观测值的分散度。在一般情况下,样本观测值越分散,c_{jj} 越小。

值得注意的是,置信度的大小与置信区间的大小存在此消彼长的关系。置信度越大,在其他情况不变时,临界值 $t_{\frac{\alpha}{2}}$ 越大,置信区间越大。如果要缩小置信区间,在其他情况不变时,就必须降低对置信度的要求。

7.5 线性组合的假设检验

变量的显著性检验或区间估计是对单个参数 β_j 的考察,如通过检验 β_j 是否等于 0 来考察其对应的解释变量是否对被解释变量有显著的线性影响。而对方程总体线性显著性检验,旨在对模型中所有解释变量与被解释变量之间的线性关系在总体上是否显著成立作出推断。

方程显著性的 F 检验是用于检验模型如式(7-10)中各 X 的参数是否显著不为 0。

$$Y_i = \beta_0 + \beta_1 X_{1i} + \beta_2 X_{2i} + \cdots + \beta_k X_{ki} + \mu_i \quad i = 1, 2, \cdots, n \tag{7-10}$$

按照假设检验的原理与程序,原假设与备择假设如式(7-11)和式(7-12)

$$H_0: \beta_1 = 0, \beta_2 = 0, \cdots, \beta_k = 0 \tag{7-11}$$

$$H_1: \beta_j (j = 1, 2, \cdots, k) \text{ 不全为零} \tag{7-12}$$

F 检验的理论来自总离差平方和的分解,如式(7-13):

$$TSS = ESS + RSS \tag{7-13}$$

由于回归平方和 $ESS = \sum \hat{y}_i^2$ 是解释变量 X 的联合体对被解释变量 Y 的线性作用的结果,考虑比值如式(7-14):

$$\frac{ESS}{RSS} = \sum \hat{y}_i^2 / \sum e_i^2 \tag{7-14}$$

如果比值较大,则 X 的联合体对 Y 的解释程度高,可认为总体存在线性关系,反之总体上可能不存在线性关系。因此可通过该比值的大小对总体线性关系进行推断。

根据统计学知识,在原假设 H_0 成立的条件下,统计量如式(7-15):

$$F = \frac{ESS/k}{RSS/(n-k-1)} \tag{7-15}$$

服从自由度为 $(k, n-k-1)$ 的 F 分布。因此,给定显著性水平 α,查表得到临界值 $F_\alpha(k, n-k-1)$,根据样本求出 F 统计量的数值后,可通过是否满足式(7-16)来拒绝或不拒绝原假设 H_0,以判定原方程总体上的线性关系是否显著成立。

$$F > F_\alpha(k, n-k-1) \tag{7-16}$$

需注意的是,在一元线性回归中,t 检验和 F 检验是一致的。一方面,t 检验与 F 检验都是对相同的原假设 $H_0: \beta_1 = 0$ 进行检验;另一方面,两个统计量之间有如式(7-17)的关系:

$$F = \frac{\sum \hat{y}_i^2}{\sum e_i^2/(n-2)} = \frac{\hat{\beta}_1^2 \sum \hat{x}_i^2}{\sum e_i^2/(n-2)}$$

$$= \frac{\hat{\beta}_1^2}{\sum e_i^2/(n-2) \sum \hat{x}_i^2} = \left[\frac{\hat{\beta}_1}{\sqrt{\sum e_i^2/(n-2) \sum \hat{x}_i^2}} \right]^2 \tag{7-17}$$

$$= \left[\hat{\beta}_1 / \sqrt{\frac{\sum e_i^2}{n-2} \cdot \frac{1}{\sum \hat{x}_i^2}} \right]^2 = t^2$$

实操案例 7-2 企业偿债能力影响因素——线性组合假设检验

本实操案例沿用[实操案例 7-1],继续探讨企业偿债能力影响因素。

使用 Python 执行以下语句:

```python
1  # 引入
2  import pandas as pd
3  import statsmodels.api as sm
4  import numpy as np
5  from scipy import stats
6  # 载入数据
7  data= pd.read_excel('数据.xls.',header= None)
8  # 将数据赋值到变量 df 中
9  df= data
10 # 重命名
11 df.rename(columns= {148:'liquidity ratio',147:'scale',142:'bianxianlv',141:
   'Lnasset'},inplace= True)
12 # 取数据中非 NaN 值,注意这一步应当在一开始截取数据后就运行,在后面如果变成
   DataFrame 就无法执行了
13 dd= df[df['liquidity ratio'].notnull()]
14 dd= dd[dd['scale'].notnull()]
15 dd= dd[dd['bianxianlv'].notnull()]
16 dd= dd[dd['ITO'].notnull()]
17 dd= dd[dd['APTR'].notnull()]
18 dd= dd[dd['Lnasset'].notnull()]
19 dd
```

输出结果,如图 7-7 所示。

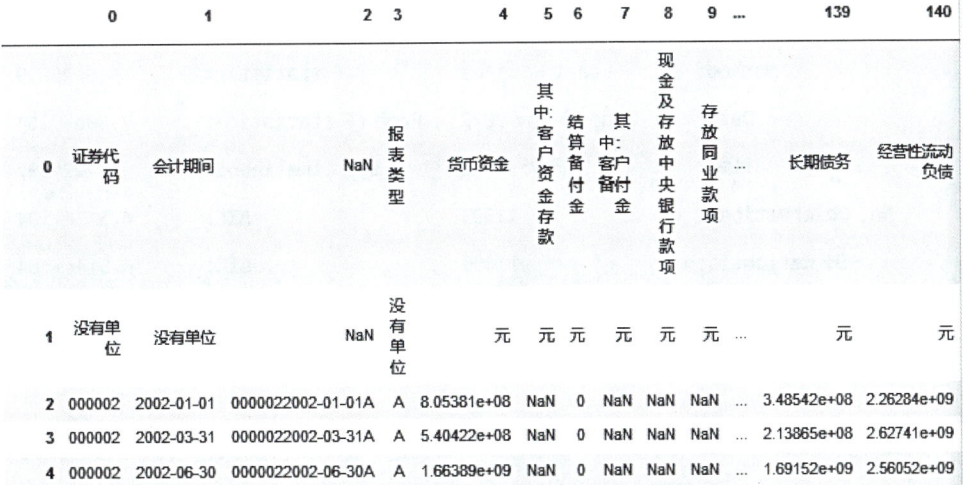

图 7-7 查看数据

```python
1   # 获取要的数据
2   # ddd = pd.Series(dd.exog)
3   dd.exog= pd.DataFrame()
4   dd.exog['scale']= dd['scale']
5   dd.exog['bianxianlv']= dd['bianxianlv']
6   # dd['Lnasset']= np.log(dd['Lnasset'])
7   dd.exog['Lnasset']= dd['Lnasset']
8   do= pd.DataFrame()
9   # dd['liquidity ratio']= np.log(dd['liquidity ratio'])
10  do['liquidity ratio']= dd['liquidity ratio']
11  dd
12  dd.exog= dd.exog.drop(index= 0)
13  dd.exog= dd.exog.drop(index= 1)
14  dd
15  dd.exog= sm.add_constant(dd.exog)
16  do= do.drop(index= 0)
17  do= do.drop(index= 1)
18  # 注意,这里的数据应当转换成float
19  do
20  do= do.astype(float)
21  dd.exog= dd.exog.astype(float)
22  exog1= dd.exog[['scale','bianxianlv','Lnasset']]
23  exog1= sm.add_constant(exog1)
24  ols_model= sm.OLS(do,exog1)
25  ols_model_result= ols_model.fit()
26  ols_model_result.summary()
```

输出结果,如图 7-8 所示。

Dep. Variable:	liquidity ratio	R-squared:	0.064
Model:	OLS	Adj. R-squared:	0.063
Method:	Least Squares	F-statistic:	260.9
Date:	Wed, 23 Nov 2022	Prob (F-statistic):	7.80e-164
Time:	09:31:48	Log-Likelihood:	-22550.
No. Observations:	11503	AIC:	4.511e+04
Df Residuals:	11499	BIC:	4.514e+04
Df Model:	3		
Covariance Type:	nonrobust		

	coef	std err	t	P>|t|	[0.025	0.975]
const	3.6057	0.224	16.099	0.000	3.167	4.045
scale	3.147e-07	1.26e-06	0.250	0.803	-2.16e-06	2.79e-06

	0.000		1.070	1.243
	0.000		-0.132	-0.093
Omnibus:	21186.352	Durbin-Watson:		0.447
Prob(Omnibus):	0.000	Jarque-Bera (JB):		56171440.984
Skew:	13.513	Prob(JB):		0.00
Kurtosis:	344.272	Cond. No.		1.78e+05

图 7-8　最小二乘估计结果

对于模型中易变现率的系数是否为 0 进行检验，具体代码如下：

```
1  # 计算非约束模型自由度
2  n = len(data)
3  df = n - 5 - 1
4  # 约束模型
5  exog_r = dd.exog[['scale','Lnasset']]
6  exog_r = sm.add_constant(exog_r)
7  ols_model_r = sm.OLS(do, exog_r)
8  ols_model_result_r = ols_model_r.fit()
9  ols_model_result_r.summary()
10 # 计算约束模型自由度
11 df_r = n - 3 - 1
12 # 计算F统计量
13 # 先计算约束模型的ssr(残差平方和)
14 ssr_r = ols_model_result_r.ssr
15 # 再计算非约束模型的ssr
16 ssr_ur = ols_model_result.ssr
17 q = df_r - df
18 # 根据公式计算F统计量
19 F = (ssr_r - ssr_ur)/ssr_ur * (n - 5 - 1)/q
20 print(F)
```

输出结果：

352.9946941165935

继续进行 F 分布检验，具体代码如下：

```
1  # F分布检验
2  # 计算显著水平10%的拒绝域临界值
3  c10 = stats.f.ppf(0.9, q, df)
4  print(c10)
5  # 计算显著水平5%的拒绝域临界值
6  c5 = stats.f.ppf(0.95, q, df)
7  print(c5)
```

```
 8  # 计算显著水平1%的拒绝域临界值
 9  c1= stats.f.ppf(0.99,q,df)
10  print(c1)
```

输出结果:

2.3030371468754534
2.9964974858334545
4.60697863818215

```
1  p_value= 1- stats.f.cdf(F,q,df)
2  print(p_value)
```

输出结果:

1.1102230246251565e- 16

从结果可以得出,易变现率的系数显著不为0,其F统计值远超1%显著性水平下的临界值,这表明企业营运资本的融资管理政策对于企业偿债能力具有显著影响。

同时检验易变现率和流动资产投资的相对规模(scale)的系数是否同时为0,考察企业营运资本管理政策整体的显著性。具体代码如下:

```
 1  # 考察scale和bianxianlv系数是否同时为0
 2  # 约束模型
 3  exog_r= dd.exog[['Lnasset']]
 4  exog_r= sm.add_constant(exog_r)
 5  ols_model_r= sm.OLS(do,exog_r)
 6  ols_model_result_r= ols_model_r.fit()
 7  ols_model_result_r.summary()
 8  # 计算约束模型自由度
 9  df_r= n- 3- 1
10  # 计算F统计量
11  # 先计算约束模型的ssr(残差平方和)
12  ssr_r= ols_model_result_r.ssr
13  # 再计算非约束模型的ssr
14  ssr_ur= ols_model_result.ssr
15  q= df_r- df
16  # 根据公式计算F统计量
17  F= (ssr_r- ssr_ur)/ssr_ur* (n- 5- 1)/q
18  print(F)
```

输出结果:

352.9963117597091

从结果可知,该值远超1%显著性水平上的临界值,因而可以判定,企业营运资本的管理政策对于企业偿债能力具有显著性的影响。

7.6　标准化回归模型的 Python 实现

标准化是将不同变量置于同一规格(same scale)的过程。在回归分析中,在某些情况下,标准化自变量至关重要,不然可能会产生误导性结果。若模型包含多项式项以建模曲率(model curvature)或交互项,通常需要标准化自变量,这些项提供了有关自变量和因变量之间关系的关键信息,同时也会产生大量的多重共线性。

实操案例 7-3　企业成长性的影响因素——标准化回归

本实操案例参考相关文献,选取企业总资产增长率作为被解释变量,选取资产负债率、总资产收益率、总资产周转率、总资产的自然对数四个数据作为解释变量,进行标准化回归的案例实操。

1) 加载 Python 工具包

```
1  import pandas as pd
2  # 加载 Pandas 工具,并将其命名为 pd
3  import statsmodels.api as sm
4  # 加载 Statsmodels 工具,并将其命名为 sm
5  import numpy as np
6  # 加载 NumPy 工具,并将其命名为 np
7  from scipy import stats
8  # 导入统计函数子包 Scipy.stats
```

2) 使用 Pandas 读入 Excel 文件的语句、对需要用到的数据列命名、显示数据前 5 行

```
1  # 使用 Pandas 读入 Excel 文件的语句
2  data= pd.read_excel('成长性.xlsx',header= None)
3  # 对需要用到的数据列命名
4  data.rename(columns= {0:'总资产增长率',1:'资产负债率',2:'总资产收益率',3:'总资产周转率',4:'总资产的自然对数'},inplace= True)
5  # 显示数据前 5 行
6  data.head()
```

3) 读取数据中非 NaN 值,数据命名为 data

```
1  # 去除表格内的空格
2  data= data[data['总资产增长率'].notnull()]
```

```
 3  data
 4  data= data[data['资产负债率'].notnull()]
 5  data
 6  data= data[data['总资产收益率'].notnull()]
 7  data
 8  data= data[data['总资产周转率'].notnull()]
 9  data
10  data= data[data['总资产的自然对数'].notnull()]
11  data
```

输出结果,如图 7-9 所示。

	总资产增长率	资产负债率	总资产收益率	总资产周转率	总资产的自然对数
5	0.383256	0.976286	0.001882	0.017799	25.836255
6	0.467789	0.975865	0.000944	0.004001	25.813743
7	0.302666	0.975320	0.001541	0.008140	25.890647
8	0.208561	0.979411	0.001629	0.014141	25.988007
9	0.160590	0.979440	0.001641	0.016224	25.985184
10	0.164215	0.977282	0.002197	0.016174	25.988303
11	0.307938	0.980335	0.001009	0.004908	26.082195
12	0.158101	0.979080	0.001406	0.010738	26.037429
13	0.028190	0.978013	0.002047	0.016310	26.015808
14	0.059297	0.977068	0.001418	0.021934	26.042789
15	0.056806	0.976843	0.001441	0.021958	26.043554
16	-0.053146	0.975951	0.000766	0.005405	26.027585
17	0.035981	0.976760	0.000986	0.010729	26.072778
18	0.108966	0.977258	0.001662	0.015559	26.119236
19	0.122035	0.977999	0.001534	0.019884	26.157932
20	0.087467	0.977266	0.001399	0.023087	26.127405

图 7-9 查看数据

4)把解释变量放入 data.exog,增加截距项,定义被解释变量,输出 data.exog

```
1  # 创建二维表格且命名为 data.exog
2  data.exog= pd.DataFrame()
3  # 把解释变量放入 data.exog
4  data.exog['资产负债率']= data['资产负债率']
5  data.exog['总资产收益率']= data['总资产收益率']
```

```
6  data.exog['总资产周转率']= data['总资产周转率']
7  data.exog['总资产的自然对数']= data['总资产的自然对数']
8  # 增加截距项
9  data.exog= sm.add_constant(data.exog)
10 # 定义被解释变量
11 data['总资产增长率']
12 # 输出 data.exog
13 data.exog
```

5) 将数据转换成 float

```
1  # 数据转换成 float
2  data.exog= data.exog.astype(float)
3  type(data.exog)
```

6) 构建变量标准化函数

```
1  # 构建变量标准化处理函数
2  def standardize(x):
3      z= (x- np.mean(x))/np.std(x)
4      return z
```

7) 对各变量进行标准化处理后构建新模型回归

```
1  # 将标准化后的数据存入 dt
2  dt= pd.DataFrame()
3  # 对变量数据逐列标准化
4  for i in data.columns:
5      dt[i]= standardize(data[i])
6  # 对变量标准化后的新模型进行回归
7  exog= dt[['资产负债率','总资产收益率','总资产周转率','总资产的自然对数']]
8  ols_model= sm.OLS(dt['总资产增长率'],exog)
9  ols_model_result= ols_model.fit()
10 ols_model_result.summary()
```

输出结果,如图 7-10 所示。

Dep. Variable:	总资产增长率	R-squared:	0.000
Model:	OLS	Adj. R-squared:	0.000
Method:	Least Squares	F-statistic:	5.037
Date:	Mon, 20 Jun 2022	Prob (F-statistic):	0.000467
Time:	15:06:04	Log-Likelihood:	-2.9985e+05
No. Observations:	211326	AIC:	5.997e+05

		coef	std err	t	P>|t|	[0.025	0.975]
Df Residuals:	211322					BIC:	5.997e+05
Df Model:	4						
Covariance Type:	nonrobust						
资产负债率		0.0014	0.002	0.623	0.533	-0.003	0.006
总资产收益率		-6.237e-06	0.002	-0.003	0.998	-0.004	0.004
总资产周转率		-0.0041	0.002	-1.857	0.063	-0.008	0.000
总资产的自然对数		0.0088	0.002	4.028	0.000	0.005	0.013
Omnibus:	1095260.513			Durbin-Watson:			1.188
Prob(Omnibus):	0.000			Jarque-Bera (JB):			43902838007886.203
Skew:	245.544			Prob(JB):			0.00
Kurtosis:	70612.795			Cond. No.			1.20

图 7-10　最小二乘估计结果

第 8 章

Python 非线性因果关系推断

 知识导航

Python 非线性因果关系推断 ⎧ 二次项模型 ⎧ 二次项模型描述
                                  ⎩ 二次项回归模型的估计
                              ⎨ 交互项的理论意义及实现
                              ⎩ 模型误设检验

 学习目标

1. 学习二次项模型的基本描述
2. 学习交互项的理论意义及 Python 实现
3. 学习二次项模型误设检验

8.1　二 次 项 模 型

8.1.1　二次项模型描述

前面的章节介绍了经济管理大数据分析中的线性分析,然而现实中,变量之间的关系不一定是线性的,常常表现为复杂的非线性关系。当回归函数不能用直线来描述时,要考虑用非线性回归函数。在经济管理大数据分析中,常常涉及无法用直线来描述的情况,如 U 型的数据关系,需要通过二次项来进行衡量,也就是数理经济学中的多项式回归,又如规模递增的经济效应,即随着变量的增加,其经济效应在增强。最简单的一元二次项模型如式(8-1):

$$Y = \beta_1 + \beta_2 X + \beta_3 X^2 + \mu \tag{8-1}$$

如果没有二次项 X^2,那么 β_2 度量了 X 对 Y 的影响;当存在 X^2 时,$\hat{\beta_2}$ 无法完全度

量 X 变化的影响。因为,此时该影响变为 $\hat{\beta_2}+2\hat{\beta_3}X$。若 $\hat{\beta_2}$ 为正, $\hat{\beta_3}$ 为负,则该方程所形成的曲线具有抛物线的形状,存在一个转折点,在转折点之前, X 对 Y 有正向作用,在转折点之后, X 对 Y 有反向作用。转折点(或函数最大值)总是 X 的系数和 X^2 的系数的两倍之比的绝对值。

例如,研究美国职业篮球联赛每场得分(Y)与加入队伍年数(X_1),年龄(X_2),大学期间打球年数(X_3)相联系的模型,包含一个加入队伍年数的二次项(X_{12}),其他变量都以水平值形式加入模型,模型如式(8-2):

$$Y = \beta_0 + \beta_1 X_1 + \beta_2 X_1^2 + \beta_3 X_2 + \beta_4 X_3 + \mu \tag{8-2}$$

通过估计得到的估计模型如式(8-3):

$$Y = 35.22 + 2.364 X_1 - 0.077 X_1^2 - 1.074 X_2 - 1.286 X_3 \tag{8-3}$$

由此可知,保持大学年数和年龄不变, X_1 的系数为正, X_1^2 的系数为负,模型呈现倒 U 型曲线,转折点为: $X^* = \left|\dfrac{\beta_1}{2\beta_2}\right| = 2.364/(2\times 0.077) \approx 15.35$,即球员从加入队伍的第 15 年或第 16 年开始,在 NBA 打球的经历将降低每场得分。

需要特别注意的是,二次项显著并不一定意味着存在 U 型关系,必须考虑变量的经济含义和取值范围,再配合二次曲线转折点的位置,我们便会发现,在样本区间内, $x \in [x\min, x\max]$, y 和 x 之间的关系可能仅仅是 U 型曲线的左半支或右半支,即 y 和 x 之间的关系仍然是单调关系,只是 x 对 y 的边际影响在变化(递增或递减)。

经济管理数据分析中,存在着非线性关系需要通过二次项模型予以描述,通过以上的例子可以看出,二次项模型的引入能够使得模型估计更为恰当。如果真实模型为非线性模型,此时采用线性模型进行估计会产生遗漏变量问题,具体如式(8-4):

$$Y = \beta_1 + \beta_2 X + (\beta_3 X^2 + \mu) \tag{8-4}$$

模型中的二次项不包含在方程回归中,而是包含在随机扰动项中,即随机扰动项($\beta_3 X^2 + \mu$)既包含了真实的随机扰动项,也包含了 $\beta_3 X^2$,此时 X 变动必然引起随机扰动项的变动,从而导致内生性,即遗漏变量偏差。因此,对于二次项模型的甄别在某些经济管理分析中是尤为重要的,特别是经济管理科学中广泛存在的倒 U 型关系的分析,在企业经济发展、企业运营、企业创新等领域均有广泛的应用。

8.1.2 二次项回归模型的估计

二次项回归模型的估计仍然采用最小二乘估计的方式,估计出二次项的参数,并对其参数显著性进行讨论。

在运用 Python 实现二次项回归模型时,其操作过程与线性回归的实现过程大抵相似,即将二次项作为线性回归中的一个解释变量,采用最小二乘估计,但是在进行估计之前,需要先生成响应的二次项,采用以下代码:

```
1  data= np.sqrt(data)
```

其他步骤与前面章节线性回归的操作相同。

实操案例 8-1　企业创新与企业规模的倒 U 形关系——二次项回归

本实操案例借助相关文献,用二次项回归模型描述企业创新与企业规模的倒 U 形关系。这种关系超出了线性关系的范畴,是经济管理数据中的另外一种数据形状,涉及二次项的分析。因此,需要对其非线性因果关系进行推断。这里采用企业创新(Innovation)、企业规模(asset)作为变量进行回归,并为企业规模变量构建二次项。

```
1  # 加载 Pandas 工具,并将其命名为 pd
2  import pandas as pd
3  # 加载 Statsmodels.api 工具,并将其命名为 sm
4  import statsmodels.api as sm
5  # 加载 NumPy 工具,并将其命名为 np
6  import numpy as np
7  # 加载 Scipy 工具,并将其命名为 stats
8  from scipy import stats
9  # 使用 Pandas 读入 Excel 文件的语句
10 data= pd.read_excel('panel.xlsx',header= None)
11 # 显示前 5 条数据
12 data.head(5)
```

输出结果,如图 8-1 所示。

	0	1	2	3	4	5	6	7	8	9	...	16	17
0	code	accper	NaN	year	wdtcl	wdtncl	wddtl	wdltb	LG1	LG2	...	Current	Asset
1	1	2008-12-31	2008-12-311	2008	0	0	0	0	0	0	...	0	8.23
2	1	2009-12-31	2009-12-311	2009	-0.444841	0	0.237991	0	-2.4376	0	...	0	9.05196
3	1	2010-12-31	2010-12-311	2010	-0.945306	0	0.223986	0	-5.13814	0	...	0	10.3887
4	1	2011-12-31	2011-12-311	2011	-0.453509	0	0.700288	0	-4.3698	0	...	0	9.19237

图 8-1　查看数据

```
1  # data 赋值给 df
2  df= data
3  # 通过 Pandas 修改列名称的语句,将有意义的变量名添加到 data
4  df.rename(columns= {17:'asset',19:'Innovation',20:'Innovation1',18:'CF'},
   inplace= True)
```

```
 5  # 取数据中非 NaN 值,注意这一步应当在一开始截取数据后就运行,在后面如果变成
    DataFrame 就无法执行了
 6  dd= df[df['asset'].notnull()]        # 去掉空值
 7  dd     # 执行 dd
 8  dd= dd[dd['Innovation'].notnull()]    # 去掉 INF 一列的空值
 9  dd= dd.drop(dd.index[dd['Innovation']= = 0])
10  # dd= dd.drop(dd.index[dd['Innovation1']= = 0])
11  dd= dd.drop([0],axis= 0)
12  dd= dd[dd[3]> 2014]
13  # 建立一个 pd 的 DataFrame(以使用 DataFrame 的一些语法),赋值给 exog
14  dd.exog= pd.DataFrame()
15  # 将 INF 放到变量储存器里面,作为一个外生变量
16  # ddd = pd.Series(dd.exog)
17  dd.exog['asset']= dd['asset']
18  # 再命名一个 do 的 DataFrame
19  do= pd.DataFrame()
20  # 将 EF 放进 do 中
21  do['Innovation']= dd['Innovation']
22  # 执行 do 语句
23  do
24  dd.exog
25  dd.exog= sm.add_constant(dd.exog)
26  # 生成企业资产规模的二次项
27  dd.exog['asset2'] = dd.exog['asset']* dd.exog['asset']
28  # 注意,这里的数据应当首先转换成 float
29  do= do.astype(float)
30  dd.exog= dd.exog.astype(float)
31  # 构建最小二乘法模型,被解释变量为 do,解释变量为 dd.exog,并且运行最小二乘法
32  ols_model= sm.OLS(do,dd.exog)
33  # 利用前面的数据拟合估计参数
34  ols_model_result= ols_model.fit()
35  # 得到结果
36  ols_model_result.summary()
```

输出结果,如图 8-2 所示。

Dep. Variable:	Innovation	R-squared:	0.001
Model:	OLS	Adj. R-squared:	0.000
Method:	Least Squares	F-statistic:	2.032
Date:	Wed, 23 Nov 2022	Prob (F-statistic):	0.131
Time:	20:09:51	Log-Likelihood:	-13869.
NO. Observations:	7947	AIC:	2.774e+ 04
Df Residuals:	7944	BIC:	2.777e+ 04
Df Model:	2		

	coef	std err	t	P>|t|	[0.025	0.975]
const	-0.1043	1.669	-0.063	0.950	-3.376	3.167
asset	0.5818	0.333	1.745	0.081	-0.072	1.235
asset2	-0.0278	0.017	-1.675	0.094	-0.060	0.005

Omnibus:	635.083	Durbin-Watson:	0.891
Prob(Omnibus):	0.000	Jarque-Bera (JB):	854.318
Skew:	0.684	Prob(JB):	3.07e-186
Kurtosis:	3.842	Cond. No.	1.05e+04

Covariance Type: nonrobust

图 8-2　最小二乘估计结果

从估计结果来看,变量企业规模(asset)系数为正,但其二次项(asset2)系数为负,与前文关于非线性方程的参数描述一致,呈现倒 U 形特征。也就是说企业规模增长,企业创新会呈现正向增长,但随着企业规模扩张,这种正向效应在逐步削弱,并最终转为负向影响。

8.2　交互项的理论意义及实现

在进行数据分析时,常常遇到一个变量与另外一个变量交叉的情形,如 a 对于 b 产生影响,但是 a 对于 b 的效应受到 c 的影响,也就是 a 和 c 交叉。简单的二元线性回归模型如(8-5):

$$Y_i = \beta_0 + \beta_1 X_{1i} + \beta_2 X_{2i} + \mu_i \tag{8-5}$$

如果不存在交叉变量,此时 X_{1i} 对 Y_i 的边际效应为: $\frac{\partial Y_i}{\partial X_{1i}} = \beta_1$;如果存在交叉变量,即其他变量将影响 X_{1i} 对 Y_i 的边际效应,此时式(8-4)将变为式(8-6):

$$Y_i = \beta_0 + \beta_1 X_{1i} + \beta_2 X_{2i} + \beta_3 X_{1i} X_{2i} + \mu_i \tag{8-6}$$

其中,X_{1i} 与 X_{2i} 的乘积 $X_{1i} X_{2i}$ 为"交互项"。此时,β_3 衡量了 X_{2i} 对于前述边际效应的影响,可以通过式(8-7)来描述:

$$\frac{\partial Y_i}{\partial X_{1i}} = \beta_1 + \beta_3 X_{2i} \tag{8-7}$$

从式(8-7)可知,加入交互项 $X_{1i}X_{2i}$ 后,解释变量 X_{1i} 对被解释变量 Y_i 的边际效应依赖于解释变量 X_{2i},是 X_{2i} 的线性函数。若 $\beta_3 > 0$,则 X_{1i} 对 Y_i 的边际效应随 X_{2i} 的增大而上升。反之,若 $\beta_3 < 0$,则随着 X_{2i} 的增大,X_{1i} 对 Y_i 的边际效应反而下降。同样,X_{2i} 对于 Y_i 的边际效应与 X_{1i} 的影响一致,因此,系数 β_3 也称为调节效应,即 X_{1i} 和 X_{2i} 的影响相互调节。

在Python的实现上,与前面最小二乘法的操作相同,但需要先采用下述代码生成交互项:

```
1  data= data1* data2
```

实操案例8-2 企业成长性的财务影响因素——交互项分析

本实操案例采用企业成长性分析的案例,对交互项的操作进行示例,将其运用到具体的经济管理大数据分析中。关于企业的成长性问题,往往与企业背后的行为、经营战略和管理水平相关,这里选取总资产增长率(GRO)作为其代理变量。作为企业日常经营活动的记录,企业的财务指标可以有效地衡量成长性的影响因素,这里主要选取以下几个指标:①营业利润率(OPR),是指企业的营业利润与营业收入的比率;②总资产周转率(TAT),是指企业在一定时期业务收入净额同平均资产总额的比率;③总资产(TA),是指某一经济实体拥有或控制的、能够带来经济利益的全部资产;选取2003—2021年上市企业数据构建模型,如式(8-8):

$$GRO = C + \beta_1 OPR + \beta_2 TAT + \beta_3 TA + \mu \tag{8-8}$$

1) 加载工具包

```
1  import pandas as pd
2  import statsmodels.api as sm
3  import numpy as np
4  from scipy import stats
5  import matplotlib.pyplot as plt
```

2) 读取数据

```
1  # 将Excel文件读取到Pandas DataFrame中
2  data= pd.read_excel('成长性2.xls',header= None)
3  # 被解释变量为企业成长性GRO,解释变量为营业利润率OPR,总资产周转率TAT,总资产TA
4  data.rename(columns= {19:'GRO',16:'OPR',17:'TAT',0:'TA'},inplace= True)
```

构建交互项时需要注意多重共线性问题,为了避免这一问题带来的估计错误,采用标准化的方法对变量进行估计。

3)变量标准化

```
1  # 构建变量标准化处理函数
2  def standardize(x):
3      z= (x- np.mean(x))/np.std(x)
4      return z
5  # 将标准化后的数据存入 dt
6  dt= pd.DataFrame()
7  # 对变量数据逐列标准化
8  for i in data.columns:
9      dt[i]= standardize(data[i])
```

4)对变量标准化后的新模型进行回归

```
1  exog= dt[['OPR','TAT','TA']]
2  # 构建两个交叉变量,分别是 OPR_TAT、TA_TAT
3  exog["OPR_TAT"]= data["OPR"]* data["TAT"]
4  exog["TA_TAT"]= data["TA"]* data["TAT"]
5  ols_model= sm.OLS(dt['GRO'],exog)
6  ols_model_result= ols_model.fit()
7  ols_model_result.summary()
```

输出结果,如图8-3所示。

Dep. Variable:	GRO	R-squared (uncentered):		0.965
Model:	OLS	Adj. R-squared (uncentered):		0.962
Method:	Least Squares	F-statistic:		291.2
Date:	Wed, 23 Nov 2022	Prob (F-statistic):		3.00- 37
Time:	23:58:37	Log-Likelihood:		14.818
No. Observations:	58	AIC:		- 19.64
Df Residuals:	53	BIC:		- 9.334
Df Model:	5			
Covariance Type:	nonrobust			

	coef	std err	t	P> |t|	[0.025	0.975]
OPR	0.4499	0.040	11.290	0.000	0.370	0.530
TAT	0.0415	0.036	1.146	0.257	- 0.031	0.114
TA	- 0.4499	0.045	- 9.908	0.000	- 0.541	- 0.359

OPR_TAT	−3.2043	0.140	−22.889	0.000	−3.485	−2.924
TA_TAT	3.317−09	1.34e−10	24.835	0.000	3.05e−09	3.59e−09
Omnibus:		16.003	Durbin-Watson:		2.115	
Prob(Omnibus):		0.000	Jarque-Bera (JB):		28.809	
Skew:		−0.844	Prob(JB):		5.55e−07	
Kurtosis:		6.012	Cond.No.		2.86e+09	

图 8-3 最小二乘估计结果

从该模型的拟合结果看,其 R^2 高达 0.965,模型中的几个主要变量均非常显著,模型的拟合效果较好。

8.3 模型误设检验

模型误设的问题主要是指模型构建时对于被解释变量和解释变量之间关系没有进行正确的设定,比如将无关的变量纳入方程或者是将重要的变量遗漏,均属于模型误设,而本章所涉及的非线性项及交互项,也是遗漏变量的常见情况。为检验模型是否存在遗漏变量的情形,可以采用以下步骤进行检验:

(1) 分别构建约束方程和非约束方程。约束方程,是指模型中某些系数受到了明确的约束。这些约束可以基于理论或先验知识,也可以基于问题本身。对系数添加约束可以使模型更符合实际情况或问题的特定需求。非约束方程,是指模型中的解释变量系数没有受到约束,解释变量的个数要相对更多。

(2) 根据约束方程和非约束方程回归的残差平方和,构建 F 统计量。

(3) 对 F 统计量进行显著性的判定。

承接[实操案例 8-2],继续进行模型误设的检验。

```
1  # 对两个交互项进行联合显著性检验
2  # 原模型变量作为限制性模型变量
3  restricted=['OPR','TAT','TA']
4  # 增加了 y 预测值的平方和立方的扩展模型变量作为非限制性模型变量
5  unrestricted=['OPR','TAT','TA',"OPR_TAT","TA_TAT"]
6  y=['GRO']
7  dt["OPR_TAT"]= dt["OPR"]* dt["TAT"]
8  dt["TA_TAT"]= dt["TA"]* dt["TAT"]
9  def test_multiple_linear_restriction(dt,y,restricted,unrestricted):
```

```
10    exog= dt[unrestricted]
11    exog= sm.add_constant(exog)
12    ols_model= sm.OLS(dt[y],exog)
13    ols_model_result= ols_model.fit()
14    n= len(dt)
15    k= len(restricted)
16    df= n- len(unrestricted)- 1
17    exog_r= dt[restricted]
18    exog_r= sm.add_constant(exog_r)
19    ols_model_r= sm.OLS(dt[y],exog_r)
20    ols_model_result_r= ols_model_r.fit()
21    df_r= n- len(restricted)- 1
22    ssr_r= ols_model_result_r.ssr
23    ssr_ur= ols_model_result.ssr
24    q= df_r- df
25    F= (ssr_r- ssr_ur)/ssr_ur* (n- len(unrestricted)- 1)/q
26    p_value= 1- stats.f.cdf(F,2,n- k- 3)
27    return (F,p_value)
28 test_multiple_linear_restriction(dt,y,restricted,unrestricted)
```

输出结果：

(385.2654892667704, 1.1102230246251565e- 16)

根据结果可知，第 1 个值为 F 值，第 2 个值为 P 值，结果显示在 1% 水平上拒绝原假设，即表示交互项显著不为 0。

第 9 章

虚 拟 变 量

知识导航

虚拟变量 { 虚拟变量概述 { 虚拟变量的定义 / 虚拟变量的引入 / 虚拟变量的设置原则 } / 虚拟变量的 Python 实现 / 二值变量交叉 }

学习目标

1. 学习二次项模型的基本描述
2. 学习交互项的理论意义及 Python 实现
3. 学习二次项模型误设检验

9.1 虚拟变量概述

在经济管理过程中,许多的变量是定量的,如 GDP、营业收入等,可以通过数值的分析了解其运转的规律,但也有不少的变量是定性的,如性别、受教育程度及大量的赋值为是与否的二值变量。在经济管理数据分析中,有时会包含类别或名称等定性信息,如经济数据中的行业类别、企业所有权性质、企业所在省份等无法直接加入模型中使用的数据,将定性的经济管理信息转化为可量化的数据从而进行分析,是大数据模型不可或缺的部分。因此,我们有必要将这些定性信息转换为另一种可供模型直接使用的变量形式。在对该类变量进行数值分析时,需要对这类变量进行数值转换,即虚拟变量。

9.1.1 虚拟变量的定义

虚拟变量又称二值变量、虚设变量或哑变量,用以对类别属性进行量化。通常取值

为 0 或 1,虚拟变量通常用 D 表示。例如,反映文化程度的虚拟变量可取为:

$$D = \begin{cases} 1, & 本科及以上学历 \\ 0, & 本科以下学历 \end{cases}$$

通常情况下,在虚拟变量的设置中,基础类型、肯定类型取值为 1;比较类型、否定类型取值为 0。

9.1.2 虚拟变量的引入

在经济管理数据分析中,虚拟变量是回归分析的一个重要类别,通过将其引入线性方程进行参数估计。其引入方式包括加法和乘法两种。

(1) 加法方式。虚拟变量通过加法方式引入模型如式(9-1):

$$Y_i = \beta_0 + \beta_1 X_i + \beta_2 D_i + \mu_i \tag{9-1}$$

其中,Y_i 为被解释变量,X_i 为自变量,D_i 为虚拟变量,取值为 $D_i=1$ 或 $D_i=0$。虚拟变量与 X_i 同为模型的自变量,其系数 β_2 是截距项的一部分,也就是说,若假定 $E(\mu_i \mid X, D)=0$,则当 $D_i=0$ 时,模型的截距项为 β_0;而当 $D_i=1$ 时,模型的截距项为 $\beta_0 + \beta_2$,此时 X_i 的系数并没有发生变化,只是在不同情形下截距变化了 β_2,通过检验 β_2 的统计显著性,判断 $D_i=1$ 与 $D_i=0$ 时截距项是否存在显著差异。

(2) 乘法方法。将虚拟变量以乘法方式引入模型如式(9-2):

$$Y_i = \beta_0 + \beta_1 X_i + \beta_2 D_i X_i + \mu_i \tag{9-2}$$

此时,虚拟变量并没有单独作为自变量,而是通过相乘的方式进入模型,其系数 β_2 不再是截距项的一部分,而是 D_i 与 X_i 的交互效应。在 $E(\mu_i \mid X, D)=0$ 的假定下,若 $D_i=0$,则 X_i 的系数为 β_1;而当 $D_i=1$ 时,X_i 的系数变为 $(\beta_1+\beta_2)$,通过检验 β_2 的统计显著性,判断在不同情形下,X_i 的影响效应是否存在显著差异。

9.1.3 虚拟变量的设置原则

前面讨论了虚拟变量的情形,如果某个变量只有两种属性,可以直接作为二值虚拟变量引入模型之中。如果变量不止两种属性,而是有 m 种互斥的属性类型,则需要在模型中引入 $(m-1)$ 个虚拟变量,如性别有两个互斥的属性,则引用 1(2-1)个虚拟变量。如果引入 m 个虚拟变量,会导致模型解释变量出现完全共线性的情况,称为虚拟变量陷阱。

例如,考虑个人支出对各类收入和教育水平的回归的情况下,教育水平分三个层次:高中以下、高中、大学及以上,这时需要引入两个虚拟变量:

$$D_1 = \begin{cases} 1, & 高中 \\ 0, & 其他 \end{cases}, D_2 = \begin{cases} 1, & 大学及以上 \\ 0, & 其他 \end{cases}$$

模型可设定如式(9-3)：

$$Y_i = \beta_0 + \beta_1 X_{i1} + \cdots + \beta_{1k} X_{ik} + \alpha_1 D_1 + \alpha_2 D_2 + \mu_i \tag{9-3}$$

在上述模型中，若再引入第三个虚拟变量 $D_3 = \begin{cases} 1, & 高中以下 \\ 0, & 其他 \end{cases}$，则模型变为式(9-4)：

$$Y_i = \beta_0 + \beta_1 X_{i1} + \cdots + \beta_{1k} X_{ik} + \alpha_1 D_1 + \alpha_2 D_2 + \alpha_3 D_3 + \mu_i \tag{9-4}$$

其矩阵形式如式(9-5)：

$$Y = (X, D)\begin{pmatrix} \beta \\ \alpha \end{pmatrix} + \mu \tag{9-5}$$

若只取五个观测值，高中和大学及以上取了两次，高中以下取一次观测值，则式中的(X,D)满足式(9-6)：

$$(X, D) = \begin{bmatrix} 1 & X_{11} & \cdots & X_{1k} & 1 & 0 & 0 \\ 1 & X_{21} & \cdots & X_{2k} & 0 & 1 & 0 \\ 1 & X_{31} & \cdots & X_{3k} & 0 & 0 & 1 \\ 1 & X_{41} & \cdots & X_{4k} & 1 & 0 & 0 \\ 1 & X_{51} & \cdots & X_{5k} & 0 & 1 & 0 \end{bmatrix}, \beta = \begin{bmatrix} \beta_0 \\ \beta_1 \\ \beta_2 \\ \vdots \\ \beta_k \end{bmatrix}, \alpha = \begin{bmatrix} \alpha_1 \\ \alpha_2 \\ \alpha_3 \end{bmatrix} \tag{9-6}$$

显然，(X, D)中的第 1 列可表示为后 3 列的线性组合，(X, D)不满秩，参数无法求出唯一解，即虚拟变量陷阱，我们应避免这种情况发生。

9.2 虚拟变量的 Python 实现

虚拟变量加入回归模型时，需要进行赋值，对于二值变量(如性别、男女、婚否等)可以进行如下设置：

性别：虚拟变量值＝1，表示接受津贴；虚拟变量值＝0，表示没有接受。

男女：虚拟变量值＝1，表示男；虚拟变量值＝0，表示女。

在回归模型中，虚拟变量的系数表示当虚拟变量值为 1 时，相较于虚拟变量值为 0 的情况，因变量增长或下降了多少。当然，上述取值规定也可以反转，其回归系数的定义也随之调整,具体取决于研究需求。

以上为二值变量情形,另一种不能直接化为二值变量的类型(如省份、类别、等级等)的定性信息,在定义虚拟变量时如果变量本身包含两个以上的属性,则需要转化为多个二值变量。例如,三个等级的转化如下:

等级1:虚拟变量值=1,表示等级为1;虚拟变量值=0,表示等级为0。

等级2:虚拟变量值=1,表示等级为1;虚拟变量值=0,表示等级为0。

等级3:虚拟变量值=1,表示等级为1;虚拟变量值=0,表示等级为0。

在回归模型中,以上3个虚拟变量只能选择任意2个,表示与没有放进模型的等级相比,分别增加或减少多少。在Python应用中,可以在数据中事先设置虚拟变量,也可以通过以下代码实现。

对于需要取中间值进行分类的变量data.x,可以采用以下代码:

```
1  data.loc[(data.x<= data[['x']].mean(axis=1)),'kd']= 1
2  data.loc[(data.x> data[['x']].mean(axis=1)),'kd']= 1
```

当data.x小于等于均值时取值为1,否则为0。

对于文字类型的变量data.x,可以采用以下代码:

```
1  kd = pd.get_dummies(data.x, prefix= "x", prefix_sep= " ")
```

实操案例9-1 企业规模与资产负债率的因果关系推断——虚拟变量构造

在本实操案例中,以资产负债率(rate)为被解释变量,构造关于企业规模的虚拟变量,考察企业的资产负债率是否因企业的不同规模而有区别。其中,企业规模就是虚拟变量。在进行数据处理时,将企业类型分为微型、小型(small)、大型(big)及特大型(giant)四种,按照在模型中引入($m-1$)个虚拟变量的原则,将后面三种类型引入模型进行分析,避免虚拟变量陷阱。

因此,需要先将数据进行清洗。在Excel上以总资产的大小对公司进行排序,利用四分位数把上市公司分为四大类,并进行虚拟变量的处理,若某个公司属于大型企业则取值为0,若不属于则取值为1,以相同的方法处理其余三类企业。

1) 引入相关工具包

```
1  # 引入Pandas数据库命名为pd
2  import pandas as pd
3  # 导入Statsmodels.api命名为sm
4  import statsmodels.api as sm
```

```
5   # 导入 NumPy 命名为 np
6   import numpy as np
7   # 从 Scipy 里导入 stats 函数
8   from scipy import stats
```

2)读取数据

```
1   # 读取数据文件
2   data= pd.read_excel('C:/Users/22358/Desktop/data.xls',header= None)
3   # 显示数据文件
4   data.head(8)
```

输出结果,如图 9-1 所示。

	0	1	2	3	4	5	6	7	8	9	10
0	NaN	NaN	NaN	资产总计	负债总计	资产负债率	分类 1→4 大→小	NaN	NaN	NaN	NaN
1	Stkcd	Accper	Typrep	aA001000000	dA002000000	rate	特大公司为0	大公司0	小公司0	微型0	NaN
2	601398	2022-03-31	A	37296465000000	33941551000000	0.910047	0	1	1	1	NaN
3	601398	2022-03-31	B	35481943000000	32271416000000	0.909517	0	1	1	1	NaN
4	601939	2022-03-31	A	32012252000000	29314072000000	0.915714	0	1	1	1	NaN
5	601939	2022-03-31	B	31109383000000	28485293000000	0.91565	0	1	1	1	NaN
6	601288	2022-03-31	A	30888802000000	28354073000000	0.917955	0	1	1	1	NaN
7	601288	2022-03-31	B	30644163000000	28132948000000	0.918052	0	1	1	1	NaN

图 9-1 查看数据

3)数据清洗

```
1   # 把 data 重命名
2   df= data
3   # 取列数据重命名
4   df.rename(columns= {6:'giant',7:'big',8:'small',5:'rate'},inplace= True)
5   # 取数据中非 NaN 值(空值),注意这一步应当在一开始截取数据后就运行
6   # 注意:如果变成 DataFrame(Pandas 库里的表格型的数据结构)就无法执行去空值了
7   dd= df[df['rate'].notnull()]
8   dd= dd[dd['giant'].notnull()]
9   dd= dd[dd['big'].notnull()]
10  dd= dd[dd['small'].notnull()]
11  dd
12  # 将虚拟变量载入 dd.exog
13  dd.exog= pd.DataFrame()
```

```
14  dd.exog['giant']= dd['giant']
15  dd.exog['big']= dd['big']
16  dd.exog['small']= dd['small']
17  # 定义被解释变量
18  do= pd.DataFrame()
19  do['rate']= dd['rate']
20  # 引入常数(模型的截距项)同时放入解释变量中
21  dd.exog= sm.add_constant(dd.exog)
22  type(do)
23  # 去除非数据行
24  dd.exog= dd.exog.drop([1],axis= 0)
25  do= do.drop([1],axis= 0)
26  # 把数据转换成浮点数
27  do= do.astype(float)
28  dd.exog= dd.exog.astype(float)
29  type(do)
```

4)观察虚拟变量

dd.exog

输出结果,如图 9-2 所示。

	const	giant	big	small
2	1.0	0.0	1.0	1.0
3	1.0	0.0	1.0	1.0
4	1.0	0.0	1.0	1.0
5	1.0	0.0	1.0	1.0
6	1.0	0.0	1.0	1.0
7	1.0	0.0	1.0	1.0
8	1.0	0.0	1.0	1.0
9	1.0	0.0	1.0	1.0
10	1.0	0.0	1.0	1.0
11	1.0	0.0	1.0	1.0
12	1.0	0.0	1.0	1.0
13	1.0	0.0	1.0	1.0
14	1.0	0.0	1.0	1.0
15	1.0	0.0	1.0	1.0
16	1.0	0.0	1.0	1.0
17	1.0	0.0	1.0	1.0
18	1.0	0.0	1.0	1.0

图 9-2 查看数据

从图 9-2 可以看出，模型中一共引入了三个虚拟变量，对应四种类型。

5）模型估计

```
1  # 建立最小二乘法模型 OLS 并拟合
2  ols_model= sm.OLS(do,dd.exog)
3  ols_model_result= ols_model.fit()
4  ols_model_result.summary()
```

输出结果，如图 9-3 所示。

Dep. Variable:	rate	R-squared:	0.119
Model:	OLS	Adj. R-squared:	0.118
Method:	Least Squares	F-statistic:	249.7
Date:	Mon, 06 Jun 2022	Prob (F-statistic):	5.23e-152
Time:	21:23:34	Log-Likelihood:	-602.63
No. Observations:	5555	AIC:	1213.
Df Residuals:	5551	BIC:	1240.
Df Model:	3		
Covariance Type:	nonrobust		

	coef	std err	t	P>|t|	[0.025	0.975]
const	0.7444	0.019	38.859	0.000	0.707	0.782
giant	-0.2622	0.010	-25.607	0.000	-0.282	-0.242
big	-0.1238	0.010	-12.095	0.000	-0.144	-0.104
small	-0.0482	0.010	-4.709	0.000	-0.068	-0.028

Omnibus:	9530.460	Durbin-Watson:	1.892
Prob(Omnibus):	0.000	Jarque-Bera (JB):	25934692.735
Skew:	11.359	Prob(JB):	0.00
Kurtosis:	336.966	Cond. No.	10.9

图 9-3　最小二乘估计结果

从模型运行结果可知，小型企业的影响系数比微型企业低 0.0482，并且在 1% 的水平上显著；大型企业的影响系数比微型企业低 0.1238，并且在 1% 的水平上显著；特大型企业的影响系数比微型企业低 0.2622，并且在 1% 的水平上显著。因此，微型企业的资产负债比例是最高的。

9.3 二值变量交叉

前面章节讨论了交叉变量问题,但并未涉及二值变量的交叉,二值变量交叉模型如式(9-7):

$$Y_i = \beta_0 + \beta_1 X_i + \beta_2 D_1 + \beta_3 D_2 + \beta_4 D_1 D_2 + \mu_i \tag{9-7}$$

其中,Y_i 为被解释变量,X_i 为自变量,$D_1 = \begin{cases} 1, \\ 0, \end{cases}$ $D_2 = \begin{cases} 1, \\ 0, \end{cases}$ 分别代表两个不同的虚拟变量,按照虚拟变量的引入方式,该方程属于加法引入,其差异在于截距项,$D_1 D_2$ 即为虚拟变量的交叉,其系数 β_4 表示当两个虚拟变量同为 1 时,模型截距项对比其他情形的差异。具体截距项的差异如式(9-8)至式(9-11):

$$E(Y_i \mid X_i, D_1=0, D_2=0) = \beta_0 + \beta_1 X_i \tag{9-8}$$

$$E(Y_i \mid X_i, D_1=0, D_2=1) = (\beta_0 + \beta_3) + \beta_1 X_i \tag{9-9}$$

$$E(Y_i \mid X_i, D_1=1, D_2=0) = (\beta_0 + \beta_2) + \beta_1 X_i \tag{9-10}$$

$$E(Y_i \mid X_i, D_1=1, D_2=1) = (\beta_0 + \beta_2 + \beta_3 + \beta_4) + \beta_1 X_i \tag{9-11}$$

以上四个方程之间仅有模型的截距发生了变化,而自变量 X_i 的斜率并未发生变化。

实操案例 9-2 金融危机与企业债务的分析——虚拟变量交叉项的回归

本实操案例构造两个虚拟变量,一个是时间虚拟变量,另一个是企业类别虚拟变量,通过 DID(Difference-in-Difference)方法,考察虚拟变量交叉的效应,并运用在考察金融危机与企业债务的关系上。2007 年,全球经历金融危机,各国纷纷出台政策措施,希望通过宽松的环境刺激经济发展。本实操案例探讨 2007 年金融危机前后,是否对不同类型企业债务有显著性影响。

虚拟变量的构建如下:

(1) 时间的虚拟变量。以 2007 年为界限将时间分为 2007 年以前和 2007 年以后,将年份进行量化,设置时间虚拟变量(time):(t<2007,time=0;t≥2007,time=1)。

(2) 企业类型的虚拟变量。根据企业债务的增速将企业划分为对照组和处理组,即当企业债务增速低于均值,设置为对照组,相反则设置为处理组,由此设置企业虚拟变量(treated)(企业债务增速高于均值,treated=1;企业债务增速低于均值,treated=0)。

回归模型设定如式(9-12)：

$$Y = \beta\_0 + \beta\_1 \text{time} + \beta\_2 \text{treated} + \beta\_3 \text{time} \times \text{treated} + \mu \qquad (9-12)$$

其中，虚拟变量的交互项 time×treated 表示 2007 年后企业债务增速高于均值企业，将其命名为 did；β_3 作为其系数衡量 2007 年后处理组相比对照组的差异，把前面设置好的虚拟变量代入，可知当 time=1 且 treated=1 时交互项才存在，其系数才有意义，它是我们要研究的核心解释变量。

本模型的变量设置如下：

被解释变量(因变量)：企业债务增速。

核心解释变量(自变量)：did。

为了衡量政策的影响，加入货币政策变量，已知货币政策工具包括数量型货币政策工具(货币供应量)(公开市场业务、再贴现率、法定存款准备金)，价格型货币政策工具(利率)(利率政策、汇率政策)。此处加入货币供应量(M_2)。

1) 加载相关工具包

```
1  import pandas as pd
2  # 引入 Pandas 数据库命名为 pd
3  import statsmodels.api as sm
4  # 导入 Statsmodels.api 命名为 sm
5  import numpy as np
6  # 导入 NumPy 命名为 np
7  from scipy import stats
8  # 从 Scipy 里导入 stats 函数
```

2) 载入数据

```
1  data= pd.read_excel('虚拟变量交叉.xls',header= 0)
2  # 读取数据文件
3  data.head(8)
4  # 显示数据文件
```

3) 构造虚拟变量

```
1  # 按照企业债务增速的均值划分为虚拟变量,按照年度划分虚拟变量
2  data.loc[(data.x5> data[['x5']].mean(axis= 1)),'kd']= 1
3  data.loc[(data.x5< = data[['x5']].mean(axis= 1)),'kd']= 1
4  data.loc[(data.year> = 2007),'kc']= 1
5  data.loc[(data.x5< 2007),'kc']= 1
6  data
7  # 构造虚拟变量的交互项
8  data['did']= data['kd']* data['kc']
```

4）建模

```
1  # 获取需要的建模变量
2  exog= pd.DataFrame()
3  exog= data[['did','m2']]
4  do= pd.DataFrame()
5  do['x5']= data['x5']
6  # 建立了最小二乘法模型 OLS 并拟合
7  ols_model= sm.OLS(do,exog)
8  ols_model_result= ols_model.fit()
9  ols_model_result.summary()
```

输出结果，如图 9-4 所示。

Dep. Variable:	x5	R-squared:	0.001
Model:	OLS	Adj. R-squared:	0.001
Method:	Least Squares	F-statistic:	18.42
Date:	Thu, 24 Nov 2022	Prob (F-statistic):	1.78e-05
Time:	11:38:38	Log-Likelihood:	-66777.
No. Observations:	19369	AIC:	1.336e+05
Df Residuals:	19367	BIC:	1.336e+05
Df Model:	1		
Covariance Type:	nonrobust		

	coef	std err	t	P>|t|	[0.025	0.975]
did	2.5932	0.177	14.664	0.000	2.247	2.940
m2	-4.9573	1.155	-4.292	0.000	-7.221	-2.694

Omnibus:	28147.818	Durbin-Watson:	1.985
Prob(Omnibus):	0.000	Jarque-Bera (JB):	13991877.787
Skew:	8.689	Prob(JB):	0.00
Kurtosis:	133.519	Cond. No.	21.6

图 9-4　最小二乘估计结果

从结果可知，did 一行的系数为 2.5932，表示 2007 年后债务增速较高的企业将增长 2.5932 个单位，并且在 1‰ 的水平上显著，证实了我们前面的猜想，确实 2007 年以后，企业债务会有所增加。而 M2 的系数为 −4.9573，并且在 1‰ 的水平上显著，表示宽松的货币政策将导致企业债务的负向增长，呈现典型的逆周期现象。

第10章 异方差的 Python 应用

知识导航

异方差的 Python 应用
- 异方差性概述
  - 异方差性的数理阐述
  - 异方差性产生的原因
  - 异方差性的后果
- 异方差性检验
  - 图示法
  - Breusch Pagan 检验
  - 怀特(White)检验
- 异方差性处理——加权最小二乘法

学习目标

1. 学习异方差性及异方差性检验的数理阐述
2. 学习异方差性检验的 Python 应用
3. 学习异方差性处理——加权最小二乘法的 Python 应用

10.1 异方差性概述

在线性回归模型中,最小二乘法的运用要求模型满足一定的假定要求,但是现实中的数据总存在各种各样的缺陷。常见的问题包括异方差、误差项序列自相关、多重共线性等,本章以异方差为例,描述线性回归模型中可能遇到的问题,并应用 Python 进行处理。

10.1.1 异方差性的数理阐述

线性回归模型如式(10-1):

$$Y_i = \beta_0 + \beta_1 X_{1i} + \beta_2 X_{2i} + \cdots + \beta_k X_{ki} + u_i \tag{10-1}$$

如果出现,如式(10-2):

$$Var(u_i)=\sigma^2 \tag{10-2}$$

则表示模型误差项呈现同方差特征。可以这样理解,其出现是围绕回归线上下波动的程度,回归线如式(10-3):

$$E(Y_i)=\beta_0+\beta_1 X_{ii}+\beta_2 X_{2i}+\cdots+\beta_k X_{ki} \tag{10-3}$$

方差是度量被解释变量 Y 的观测值的分散程度,同方差性指的是所有观测值的分散程度相同。如果分散程度不同,即出现式(10-4)的情形:

$$Var(u_i)=\sigma_i^2 \tag{10-4}$$

对于不同的样本点,若随机误差项的方差不再是常数,而是对于不同的 i 其方差互不相同,则认为出现了异方差性。同方差与异方差的区别在于,同方差中 $\sigma_i^2=$ 常数 $\neq f(X_i)$,而在异方差中 $\sigma_i^2=f(X_i)$。误差项可能与解释变量存在函数关系,具体可能出现的类型包括:

a 单调递增型,σ_i^2 随 X 的增大而增大。

b 单调递减型,σ_i^2 随 X 的增大而减小。

c 复杂型,σ_i^2 与 X 的变化呈复杂形式。

10.1.2 异方差性产生的原因

10.1.2.1 模型中省略的重要解释变量

假设正确的计量模型如式(10-5):

$$Y_I=\beta_0+\beta_1 X_{ii}+\beta_2 X_{2i}+u_i \tag{10-5}$$

如果略去 X_{2i},而采用式(10-6):

$$Y_I=\beta_0+\beta_1 X_{ii}+u_i \tag{10-6}$$

当被略去的 X_{2i} 与 X_{1i} 有呈同方向或反方向变化的趋势时,X_{1i} 的有规律变化会体现在 u_i 中。

10.1.2.2 模型函数形式的设定误差

模型中略去重要解释变量常常导致异方差,此外,把变量间本来为非线性的关系设定为线性,也可能导致异方差。

10.1.2.3 数据的测量误差

样本数据的观测误差,一方面,有可能随研究范围的扩大而增加,或随时间的推移逐步积累;另一方面,也可能随着观测技术的提高而逐步减小。

10.1.2.4 截面数据中总体各单位的差异

通常认为,截面数据较时间序列数据更容易产生异方差,这是因为同一时点不同对象的差异大于同一对象不同时间的差异。另外,在时间序列数据发生较大变化的情况下,也可能出现比截面数据更严重的异方差。

10.1.3 异方差性的后果

10.1.3.1 参数估计量非有效

OLS 估计量仍然具有线性、无偏性,但不具有有效性。在大样本情况下,尽管参数估计量具有一致性,但仍然不具有渐近有效性。

10.1.3.2 变量的显著性检验失去意义

在变量的显著性检验中,构造了 t 统计量,如式(10-7):

$$t = \frac{\hat{\beta}_j - \beta_j}{\hat{\sigma}_j} \tag{10-7}$$

t 检验建立在 σ^2 不变而正确估计了参数样本方差 $S_{\hat{\beta}j}$ 的基础之上。如果出现了异方差性,估计的 $S_{\hat{\beta}j}$ 出现偏误,t 检验失去意义,其他检验也是如此。

10.1.3.3 模型的预测失效

一方面,由于上述后果,使得模型不具有良好的统计性质;另一方面,在预测值的置信区间中也包含参数方差的估计量 $S_{\hat{\beta}j}$。β_1 的置信区间如式(10-8):

$$(\hat{\beta}_1 - t_{\frac{\alpha}{2}}(n-2)S_{\hat{\beta}j}, \hat{\beta}_1 + t_{\frac{\alpha}{2}}(n-2)S_{\hat{\beta}j}) \tag{10-8}$$

所以,当模型出现异方差性时,参数 OLS 估计值的变异程度增大,造成对 Y 的预测误差变大,降低预测精度,预测功能失效。

10.2 异方差性检验

由于异方差性是相对于不同的解释变量观测值,随机误差项具有不同的方差。那么检验异方差性,也就是检验随机误差项的方差与解释变量观测值之间的相关性及其相关的形式。

问题在于用什么来表示随机误差项的方差?

一般的处理方法:采用 OLS 估计,得到残差估计值,用它的平方近似随机误差项的方差,如式(10-9)和式(10-10):

$$\mathrm{Var}(u_i) = E(u_i^2) \approx \tilde{e}_i^2 \tag{10-9}$$

$$\tilde{e}_i^2 = E(y_i - (\hat{y_i}))^2 \tag{10-10}$$

基于残差估计值,可以对模型的异方差展开检验。

10.2.1 图示法

最直接的方法是对残差估计值进行构图,即图示法。可以采用前面章节的方法画出 X-Y 的散点图进行判断,观察是否存在明显的散点扩大、缩小或复杂型趋势(即不在一个固定的带形域中)。图10-1 对 $X-\tilde{e}_i^2$ 的散点图进行描述,若存在除了图 10-1(1) 的情况,可判断存在异方差。

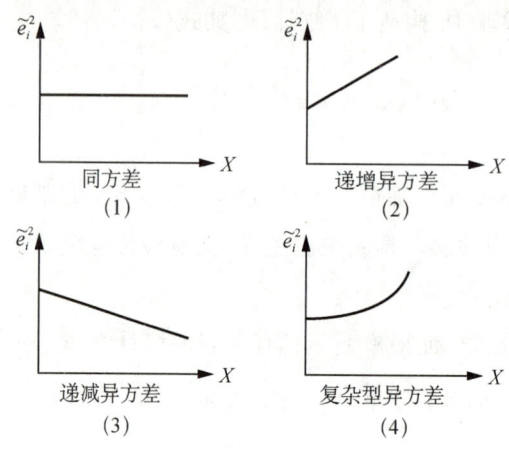

图 10-1 异方差类型

10.2.2 Breusch Pagan 检验

在 Python 应用中,采用 Breusch Pagan 检验方法检验异方差:按照最小二乘法计算 $\tilde{e}_i^2$,将 $\tilde{e}_i^2$ 对自变量进行回归,得到辅助回归方程,对该方程构造 F 统计量和 LM 统计量,即可对照临界值查看是否存在异方差。若 F 统计量及 LM 统计量均显著,则认为拒绝原假设,存在异方差。

10.2.3 怀特(White)检验

在 Python 应用中,怀特(White)检验与 Breusch Pagan 检验同样简便,其原理有一些差别。White 检验按照最小二乘法计算 $\tilde{e}_i^2$ 并获得拟合值 $\hat{y}$,将 $\tilde{e}_i^2$ 对拟合值 $\hat{y}$ 进行回归,得到辅助回归方程,对该方程构造 F 统计量和 LM 统计量,即可对照临界值查看是否存在异方差,若 F 统计量及 LM 统计量均显著,则认为拒绝原假设,存在异方差。

10.3 异方差性处理——加权最小二乘法

当回归模型存在异方差时,考虑采用加权最小二乘法对原模型进行加权。

多元模型,如式(10-11):

$$Y_i = \beta_0 + \beta_1 X_{ii} + \beta_2 X_{2i} + \cdots + \beta_k X_{ki} + u_i \tag{10-11}$$

用 X 代表所有的解释变量,假定第 i 个随机干扰项 u_i 的方差如式(10-12):

$$\mathrm{Var}(u_i) = E(u_i)^2 = \sigma_i^2 = f(X_i)\sigma_i^2 \tag{10-12}$$

式(10-12)表明随机干扰项的方差与某些解释变量之间存在相关性,那么我们可以用 $\sqrt{f(X_i)}$ 去除原模型,使之变成式(10-13)形式的新模型:

$$\frac{1}{\sqrt{f(X_i)}} Y_i = \beta_0 \frac{1}{\sqrt{f(X_i)}} + \beta_1 \frac{1}{\sqrt{f(X_i)}} X_{1i} + \beta_2 \frac{1}{\sqrt{f(X_i)}} X_{2i}$$
$$+ \cdots + \beta_k \frac{1}{\sqrt{f(X_i)}} X_{ki} + \cdots + \frac{1}{\sqrt{f(X_i)}} u_i$$
$$\tag{10-13}$$

式(10-13)中,随机干扰项的方差如式(10-14):

$$Var\left(\frac{1}{\sqrt{f(X_i)}} u_i\right) = E\left(\frac{1}{\sqrt{f(X_i)}} u_i\right)^2 = \frac{1}{\sqrt{f(X_i)}} E(u_i)^2 = \sigma_i^2 \tag{10-14}$$

即加权后的模型满足同方差性,可用 OLS 估计其参数 β_0,β_0,β_1,$\cdots$,β_k 的无偏、有效的估计值,这就是加权最小二乘法。权数 $\frac{1}{\sqrt{f(X_i)}}$ 的获得可以通过对原模型进行 OLS 估计,得到随机误差项的近似估计量 $\tilde{e}_i^2$,以此构成权重矩阵的估计量,如式(10-15)、式(10-16):

$$\sigma^2 \hat{\omega} = \begin{bmatrix} \tilde{e}_1^2 & & \\ & \ddots & \\ & & \tilde{e}_n^2 \end{bmatrix} \tag{10-15}$$

$$D^{-1} = \mathrm{diag}\{1/|\tilde{e}_1|,\ 1/|\tilde{e}_2|,\ \cdots,\ 1/|\tilde{e}_n|\} \tag{10-16}$$

在实际操作中,采用截面数据作样本时,不对原模型进行异方差性检验,而是直接选择加权最小二乘法。此时如果确实存在异方差,则被有效地消除了;如果不存在异方差性,则加权最小二乘法等价于普通最小二乘法。采用时序数据作样本时,一般不考虑异方差性检验。下面通过实操案例,对异方差检验进行阐述。

实操案例　企业资本结构调整的影响因素——异方差检验及处理

本实操案例考察异方差的检验及处理。具体采用的案例为考察企业资本结构调整的影响因素。在企业资本结构调整的实践中,存在一些企业倾向于在股价偏高时发行权益、在股价偏低时回购权益的现象,即当非理性因素导致股价被市场过分高估时,理性的管理者将利用投资者的过度热情,发行更多的股票获取较多的资金;反之,当股价被市场过分低估时,管理者将回购股票,这一理论被称为市场择时假说。针对这一现象,构建模型对企业资本结构的变动进行解释。参考相关文献,设定这里的变量结构为被解释变量:资本结构的变化;解释变量:市账率(M/B)、收入对数值[log(S)]、公司总资产收益率(ROA)、有形资产占总资产的比重(PPE/A)。

考虑通过资产负债表、利润表和所有者权益变动表计算出来的多个解释变量对资本结构变化的影响,设定回归方程如式(10-17):

$$(D/A)_t = \beta_0 + \beta_1 (M/B)_t + \beta_2 \log(S)_t + \beta_3 \mathrm{ROA}_t + \beta_4 (PPE/A)_t + u_t \tag{10-17}$$

β_0、β_4 衡量各个自变量的影响系数。β_3 衡量关系如式(10-18):

$$\Delta(D/A) = \beta_3 \Delta \mathrm{ROA} \tag{10-18}$$

所以 β_3 的含义就是其他因素不变的情况下,ROA 提高或减少 1 个单位引起(D/A)提高或减少 β_3 个单位。如果 β_3 不等于 0,则称 ROA 有偏效应,即存在影响或因果关系。

1) 加载 Python 工具包

加载本实操案例中需要用到的工具包。在进行数据分析时,常用的 Python 工具包有 Pandas、NumPy、Statsmodels、SciPy 和 Matplotlib,在 Python 中加载工具包的代码时,重复使用以下代码即可:

```
1  # 加载 Pandas 工具,并将其命名为 pd
2  import pandas as pd
3  # 加载 Statsmodels 工具,并将其命名为 sm
4  import statsmodels.api as sm
```

```
5  # 加载 NumPy 工具,并将其命名为 np
6  import numpy as np
7  # 加载 Matplotlib 工具,并将其命名为 plt
8  import matplotlib.pyplot as plt
9  # 导入统计函数子包 Scipy.stats
10 from scipy import stats
```

2)加载、清洗数据、构建初始模型

Python 工具包加载完成后就可以加载并整理数据。使用 Pandas 作为主要的数据处理工具。使用 Pandas 读入 Excel 文件的语句:

```
1  data= pd.read_excel('异方差.xls',header= None)
```

其意义是:将存放在目录下的"异方差.xls"文件中的数据装载到 data 这个变量中,存放位置可以人为修改;因为给定数据集文件中的数据都是没有列名称的,每一列数据是什么需要其他文件说明,所以语句中 header=None 表示第一行数据不是标题。

```
1  # 去除数据中报表类型为 B 的数据,避免数据重复
2  data= data.drop(data.index[data[2]= = 'B'])
3  data
4  # 使用 data.head()这条语句显示出 data 中前 5 条数据,使我们对数据有整体了解
5  data.head()
```

输出结果,如图 10-2 所示。

	0	1	2	3	4	5	6	7
0	Stkcd	Accper	Typrep	A002000000	A001000000	D/A	D/A差	A003000000
1	证券代码	会计期间	报表类型	负债合计	资产总计	资本杠杠	资本结构的变化	所有者权益合计
2	没有单位	没有单位	没有单位	元	元	没有单位	没有单位	元
3	000001	2007-12-31	A	56280000	2919190000	0.0192793	0.0192793	236510000
4	000001	2008-01-01	A	77230000	4354460000	0.0177358	-0.00154348	577960000

图 10-2 查看数据

结果显示,数据有 17 列,用编号 0、1、2……标识。通过观察数据可知,需要识别的五个变量 D/A、M/B、log(S)、ROA 和 PPE/A 分别在第 6 列、第 9 列、第 11 列、第 14 列和第 15 列。通过 Pandas 修改列名称的语句,将变量名添加到列名中。具体代码如下:

```
1   df= data
2   # 重命名,该语句用于修改第6列、第9列、第11列、第14列和第15列的名称。
3   df.rename(columns= {6:'D/A差',9:'M/B',11:'log(S)',14:'ROA',15:'PPE/A '},
    inplace= True)
4   # 取数据中非NaN值,注意这一步应当在一开始截取数据后就运行,如果变成DataFrame
    就无法执行了
5   # 读取数据中非NaN值
6   dd= df[df['D/A差'].notnull()]
7   dd= dd[dd['M/B'].notnull()]
8   dd= dd[dd['log(S)'].notnull()]
9   dd= dd[dd['ROA'].notnull()]
10  dd= dd[dd['PPE/A'].notnull()]
11  # 获取建模需要的数据
12  # dd= pd.Series(dd.exog)
13  dd.exog= pd.DataFrame()
14  dd.exog['M/B']= dd['M/B']
15  dd.exog['log(S)']= dd['log(S)']
16  dd.exog['ROA']= dd['ROA']
17  dd.exog['PPE/A']= dd['PPE/A']
18  do= pd.DataFrame()
19  do['D/A差']= dd['D/A差']
20  do
21  # 去除非数据项
21  dd.exog= dd.exog.drop([0,1,2],axis= 0)
22  do= do.drop([0,1,2],axis= 0)
23  # 加入常数项
24  dd.exog= sm.add_constant(dd.exog)
25  # 注意:这里的数据应当转换成float
26  do= do.astype(float)
27  dd.exog= dd.exog.astype(float)
28  type(do)
29  # 构建最小二乘法模型
30  ols_model= sm.OLS(do,dd.exog)
31  ols_model_result= ols_model.fit()
32  ols_model_result.summary()
```

输出结果,如图10-3所示。

Dep. Variable:	D/A	R-squared:	0.995
Model:	OLS	Adj. R-squared:	0.995
Method:	Least Squares	F-statistic:	1.754e+ 06
Date:	Mon, 28 Nov 2022	Prob (F-statistic):	0.00
Time:	14:05:06	Log-Likelihood:	- 44831.
No. Observations:	33021	AIC:	8.967e+ 04
Df Residuals:	33016	BIC:	8.971e+ 04

	coef	std err	t	P>|t|	[0.025	0.975]
const	20.8520	0.044	476.038	0.000	20.766	20.938
M/B	-19.8095	0.011	-1817.314	0.000	-19.831	-19.788
log(S)	-0.0021	0.002	-0.989	0.323	-0.006	0.002
ROA	0.0113	0.048	0.238	0.812	-0.082	0.104
PPE/A	-0.0211	0.002	-12.679	0.000	-0.024	-0.018

Df Model:	4		
Covariance Type:	nonrobust		
Omnibus:	111293.928	Durbin-Watson:	1.935
Prob(Omnibus):	0.000	Jarque-Bera (JB):	121922266729.341
Skew:	60.013	Prob(JB):	0.00
Kurtosis:	9415.754	Cond. No.	200.

图 10-3 最小二乘估计结果

结果中的"coef"是斜率系数或回归系数,"std err"是各个回归系数的标准误,"t"为 t 统计量,"p>|t|"为 p 值。拟合好的方程如式(10-19):

$$(D/A) = 20.8520 - 19.8095(M/B) - 0.0021\log(S) + 0.0113 ROA - 0.0211(PPE/A)$$

(10-19)

结果中的"R-squared 0.9950"表明本期被解释变量"波动"的 99.5% 可以被后面的解释变量变更所解释。

3) 异方差检验

```
1   # 异方差检验
2   # Breusch-Pagan 检验
3   # 步骤1:常规OLS模型拟合数据计算残差平方
4   u2= ols_model_result.resid**2
5   # 步骤2:根据残差平方与解释变量的回归模型计算新的R方
6   ols_bp= sm.OLS(u2,dd.exog)
7   ols_bp_result= ols_bp.fit()
8   ols_bp_result.rsquared
9   # 步骤3:计算统计量和相应p值
10  n= len(data)
11  # 构建LM统计量
```

```
12    LM= n* ols_bp_result.rsquared
13    # 卡方分布 p 值
14    pvalue_chi2= 1- stats.chi2.cdf(LM,3)
15    # 计算 F 值
16    ols_bp_result.fvalue
```

输出结果:

20.276512227483796

从 F 值结果来看,残差对于解释变量的回归非常显著,因而不能拒绝没有异方差的原假设。除了上述检验步骤,也可以将相关检验过程打包为一个函数直接调用,具体代码如下:

```
1     # 将上述过程设置为函数直接调用
2     # 步骤 1:设置布罗施- 帕甘(Breusch- Pagan)Python 函数
3     def bp_test(data,endog,exog,k):
4         exog= sm.add_constant(data[exog])
5         ols_model= sm.OLS(data[endog],exog)
6         ols_model_result= ols_model.fit()
7         u2= ols_model_result.resid* * 2
8         n= len(data)
9         ols_bp= sm.OLS(u2,exog)
10        ols_bp_result= ols_bp.fit()
11        LM= n* ols_bp_result.rsquared
12        pvalue_chi2= 1- stats.chi2.cdf(LM,k)
13        ols_bp_result.fvalue
14        ols_bp_result.f_pvalue
15        return (ols_bp_result.fvalue,ols_bp_result.f_pvalue,LM,pvalue_chi2)
16    # 步骤 2:将变量重新整理后调用 bp 检验函数
17    dd.exog1= dd.exog
18    dd.exog1['D/A']= do
19    dd.exog1= dd.exog1.astype(float)
20    dd.exog1
21    # 画图观察是否出现异方差
22    import matplotlib.pyplot as plt
23    plt.scatter(dd.exog['D/A'],dd.exog['M/B'])
24    plt.title('D/A & M/B')
25    plt.xlabel('M/B')
26    plt.ylabel('D/A')
27    plt.show()
28    # 步骤 3:布罗施- 帕甘(Breusch- Pagan)检验
29    exog= ['const','M/B','log(S)','ROA','PPE/A']
30    endog= ['D/A']
31    bp_test(dd.exog1,endog,exog,4)
```

输出结果,如图 10-4 所示。

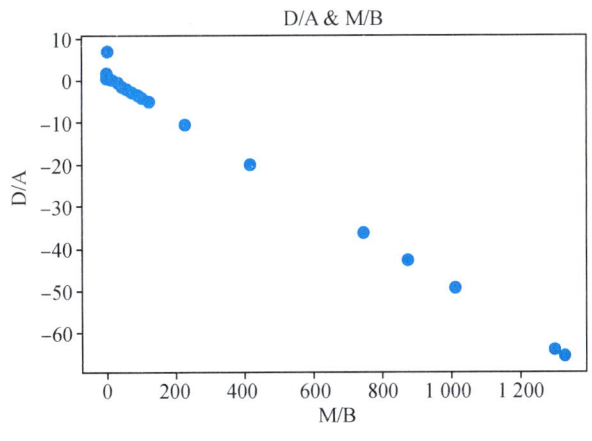

图 10-4　散点图

从图 10-4 的结果可知,可能在 M/B 值较小的位置可能存在比在 M/B 值较大的位置更大的方差。

运用以下函数可以得到和之前同样的结果,具体代码如下:

```
1   # 怀特检验
2   # 怀特(White)检验(数据 HPRICE1.xls)
3   # 步骤1:根据上述回归方程建立模型并拟合数据计算残差平方和拟合值
4   ols_model= sm.OLS(dd.exog1[endog],dd.exog1[exog])
5   ols_model_result= ols_model.fit()
6   ols_model_result.summary()
7   # 步骤2:将残差对拟合值进行回归
8   # 计算残差平方
9   u2= ols_model_result.resid* * 2
10  # 计算拟合值
11  ols_model_result.fittedvalues
12  n= len(data)
13  db= pd.DataFrame()
14  db['y1']= ols_model_result.fittedvalues
15  db['y2']= db['y1']* * 2
16  db= sm.add_constant(db)
17  # 将残差对拟合值相关变量进行回归
18  ols_white= sm.OLS(u2,db)
19  ols_white_result= ols_white.fit()
20  # 步骤3:计算 LM 统计量和卡方检验 p 值,直接读取 F 检验 p 值
21  LM_white= n* ols_white_result.rsquared
22  pvalue_chi2= 1- stats.chi2.cdf(LM_white,2)
23  ols_white_result.f_pvalue
```

4) 异方差处理

```
1  # 加权最小二乘法
2  # 利用加权最小二乘法估计消除异方差的影响
3  def WLS(data,endog,exog,h):
4      exog= sm.add_constant(data[exog])
5      h_hat= data[h]
6      weights= np.reciprocal(h_hat)
7      wls_model= sm.WLS(data[endog],exog,weights= weights)
8      wls_model_result= wls_model.fit()
9      print(wls_model_result.summary())
10     return(wls_model_result.f_pvalue)
11 # 计算加权最小二乘法需要的权重
12 # 计算残差平方对数值
13 u2_log= np.log(ols_model_result.resid* * 2)
14 # 建立新的回归方程
15 ols_gls= sm.OLS(u2_log,dd.exog1[exog])
16 # 拟合数据
17 ols_gls_result= ols_gls.fit()
18 # 得到拟合值
19 g_hat= ols_gls_result.fittedvalues
20 h_hat= np.exp(g_hat)
21 # 计算权重
22 weights= 1/h_hat
23 # WLS方法
24 wls_model= sm.WLS(dd.exog1[endog],dd.exog1[exog],weights= weights)
25 wls_model.result= wls_model.fit()
26 print(wls_model.result.summary())
27 wls_model.result.f_pvalue
```

输出结果，如图 10-5 所示。

```
                              WLS Regression Results
==============================================================================
Dep. Variable:                    D/A   R-squared:                       1.000
Model:                            WLS   Adj. R-squared:                  1.000
Method:                 Least Squares   F-statistic:                 2.108e+09
Date:                Mon, 28 Nov 2022   Prob (F-statistic):               0.00
Time:                        14:36:06   Log-Likelihood:                -41040.
No. Observations:               33021   AIC:                         8.209e+04
Df Residuals:                   33016   BIC:                         8.213e+04
Df Model:                           4
Covariance Type:            nonrobust
==============================================================================
                 coef    std err          t      P>|t|      [0.025      0.975]
------------------------------------------------------------------------------
const         21.0092      0.038    555.305      0.000      20.935      21.083
M/B          -20.0002      0.000  -9.15e+04      0.000     -20.001     -20.000
log(S)        -0.0014      0.002     -0.774      0.439      -0.005       0.002
ROA           -0.0063      0.015     -0.410      0.682      -0.037       0.024
PPE/A         -0.0001      0.004     -0.025      0.980      -0.008       0.008
==============================================================================
```

```
Omnibus:                       67968.111   Durbin-Watson:                   1.930
Prob(Omnibus):                     0.000   Jarque-Bera (JB):       20811781736.130
Skew:                             15.670   Prob(JB):                        0.000
Kurtosis:                       3892.117   Cond. No.                      202.000
===============================================================================
```

图 10-5 加权最小二乘估计结果

这一结果消除了异方差性,结果更为可信。

第 11 章

面板数据模型

知识导航

面板数据模型
- 混合模型
- 固定效应模型
- 随机效应模型
- 模型实操与比较

学习目标

1. 学习面板数据模型的基本分类
2. 学习混合面板数据模型(Pooled Model)的 Python 应用
3. 学习固定效应模型(Fixed Effects Regressaicn Model)的 Python 应用
4. 学习随机效应模型(Random Effect Regression Model)的 Python 应用

11.1 混合模型

前面的章节讨论了线性回归模型的几个维度的内容,但并没有讨论数据结构的问题。在回归模型中,主要处理的数据结构的类型包括截面数据、时间序列数据及面板数据等。本章主要讨论面板数据类型,如经济数据中包含多个时间点及多个企业个体的数据。

对于面板数据的分析,由于存在多个时间和多个个体,即存在多个截面或多个时间序列,每一个个体可能存在异质性特征。在估计时,如果直接将所有样本采用统一方程进行回归,则会忽略个体异质性;如果将所有样本采用单独方程回归,则会忽略个体共性。因此,采用以下方程作为一种折中的办法,其模型的基本形式如式(11-1):

$$y_{it} = X'_{it}\beta + z'_i\delta + \alpha_i + \varepsilon_{it} +, \ i=1, 2, \cdots, N; t=1, 2, \cdots, T \quad (11-1)$$

其中，y_{it} 为被回归变量（标量），X_{it} 可随个体及时间而变，z_i 为不随时间而变的个体特征。$\alpha_i + \varepsilon_{it}$ 为复合扰动项，其中，α_i 为不可观测的随机变量，代表个体异质性的截距项，ε_{it} 为随个体和时间而改变的扰动项，假设 ε_{it} 独立同分布，且与 α_i 不相关。在这一模型中，允许回归模型拥有相同的斜率，但是不同的截距，因而考虑了个体的异质性特征。

如果所有的个体采用完全一样的方程进行回归，此时的回归方程被称为混合模型（Pooled Model）。混合模型假设所有个体的系数相同并且不存在随机效应，其模型定义如式(11-2)：

$$y_{it} = \alpha + X'_{it}\beta + \varepsilon_{it} +, \quad i=1,2,\cdots,N; t=1,2,\cdots,T \tag{11-2}$$

其中，α 为截距项，所有的样本均一致，X_{it} 为回归变量列向量（包括 k 个回归量），β 为回归系数列向量，ε_{it} 为误差项（标量）。混合模型的特点是无论对任何个体和截面，α 回归系数和 β 都相同，也就是说其基本假定不存在个体效应。如果模型是正确设定的，则解释变量与误差项不相关，即 $\text{Cov}(X_{it}, \varepsilon_{it}) = 0$，那么无论是 $N \to \infty$，还是 $T \to \infty$，模型参数的混合最小二乘估计量都是一致估计量。

11.2 固定效应模型

另一种估计模型是固定效应模型（fixed effects model）。固定效应模型假设个体差异完全由观测变量解释的，而不是由未被观测到的随机变量引起的，每一个个体都有一个独立的截距，而其他的回归系数是相同的。在采用该方法时，没有办法估计 $z'_i\delta$ 项，即不随时间变化的变量的影响。因此，将式(11-1)简化为式(11-3)的形式：

$$y_{it} = \alpha_i + X'_{it}\beta + \varepsilon_{it}, \quad i=1,2,\cdots,n; t=1,2,\cdots,T \tag{11-3}$$

其中，α_i 是模型截距项，是随机变量，表示对于 n 个不同的个体有 n 个不同的截距。当个体效应的变化与 X_{it} 无关时，应用随机效应模型进行估计。α_i 表示不随时间改变的影响因素，而这些因素在多数情况下都是无法直接观测或难以量化的，如区域的异质性、个体的特殊性等，我们一般称其为个体效应（individual effects）。对于个体效应，在固定效应模型中有以下假定：

假设 1：$E[\varepsilon_i \mid x_i, \alpha_i] = 0$（误差项与解释变量的当期观察值、前期观察值及未来观察值均不相关，也就是说模型中所有的解释变量都是严格外生的）。

假设 2：$\text{Var}[\varepsilon_i \mid x_i, \alpha_i] = \sigma^2$（同方差假定）。

假设 3：$\text{Cov}(x_{it}, \alpha_i) \neq 0$（未观测变量与解释变量相关）。

也就是说,当个体效应的变化与 X_{it} 有关时(假设 3),应用固定效应模型进行估计。此时采用 OLS 估计是非一致的。因而可以采用两种方法消除个体 α_i 的影响:一是一阶差分法,二是组内估计法,当 $T>2$ 时,若 ε_{it} 独立同分布,则组内估计量比阶差分估计量更有效率,因此实践中多用组内估计法。组内估计法的基本原理是,先用每个变量减去组内均值,把数据中心化(mean centering),然后用转换后的数据估计个体固定效应模型的回归系数(不包括截距项),最后利用组内均值等式计算截距项。

示例:个体效应模型如式(a):

$$y_{it} = \alpha_i + x'_{it}\beta + \varepsilon_{it} \tag{a}$$

对式(a)两边按照时间维度求均值,得到式(b):

$$\bar{y}_i = \alpha_i + \bar{x}'_i\beta + \bar{\varepsilon}_i \tag{b}$$

式(a)−式(b),得到式(c):

$$y_{it} - \bar{y}_i = (x'_{it} - \bar{x}'_i)\beta + (\varepsilon_{it} - \bar{\varepsilon}_i) \tag{c}$$

从而消除了个体效应。

11.3 随机效应模型

随机效应模型(random effects model)是一种常用的线性回归模型,它假设自变量和因变量之间的关系是随机的,并且存在未被观测到的个体差异,这些差异对因变量的影响可以被视为随机效应。当前述假设 3 不满足,即:

假设 4:$\text{Cov}(\alpha_i, x_{it}) = 0$。

此时采用随机效应模型(random effect regression model)进行处理,并且在采用随机效应模型时,还要增加以下假设:

假设 5:$\alpha_i \sim \text{IID}(0, \sigma_n^2)$。

假设 6:$u_i \mid x_i \sim \text{IID}(0, \sigma_\varepsilon^2 I_T + \sigma_n^2 l_T I'_T)$ (α_i 与 ε_{it} 相互独立)。

其中,IID 表示独立同分布。对于具体的随机效应模型如式(11-3),可以把 α_i 并入误差项 ε_{it},将模型改写,如式(11-4):

$$y_{it} = X'_{it}\beta + (\alpha_i + \varepsilon_{it}) = X'_{it}\beta + u_{it} \tag{11-4}$$

u_{it} 在每个个体内部都包含着相同的个体效应。由于联合扰动项 u_{it} 与解释变量无关,此时 OLS 是一致的。但由于联合扰动项不是球形扰动项,因此 OLS 不是最有效率

的,而且标准差也失真。由于 α_i 的存在,同一个个体的不同扰动项之间存在自相关,如式(11-5):

$$\mathrm{cov}(\alpha_i + \varepsilon_{it},\ \alpha_i + \varepsilon_{is}) = \begin{cases} \sigma_n^2, & \text{若 } t \neq s \\ \sigma_n^2 + \sigma_\varepsilon^2, & \text{若 } t = s \end{cases} \quad (11\text{-}5)$$

其中,σ_n^2 为 α_i 的方差(不随 i 变化),σ_ε^2 为 ε_{it} 的方差(不随 i, t 变化)。此时,应该采用广义最小二乘估计(GLS)。基于以上假定,我们可以写出模型的方差-协方差矩阵,如式(11-6):

$$\Omega = E[uu'] = I_N \otimes (\sigma_\varepsilon^2 I_T + \sigma_N^2 l_T l'_T) = I_N \otimes \sum \quad (11\text{-}6)$$

其中,$\sum = \sigma_\varepsilon^2 I_T + \sigma_N^2 l_T l'_T$,其具体形式如式(11-7):

$$\sum = \begin{bmatrix} \sigma_n^2 + \sigma_\varepsilon^2 & \sigma_n^2 & \cdots & \sigma_n^2 \\ \sigma_n^2 & \sigma_n^2 + \sigma_\varepsilon^2 & \cdots & \sigma_n^2 \\ \vdots & \vdots & \ddots & \vdots \\ \sigma_n^2 & \sigma_n^2 & \cdots & \sigma_n^2 + \sigma_\varepsilon^2 \end{bmatrix} \quad (11\text{-}7)$$

那么,当成分方差(σ_n^2 和 σ_ε^2)已知时,可以求出 β 的 GLS 估计量,如式(11-8):

$$\widehat{\beta}_{GLS} = [X'\Omega^{-1}X]^{-1}X'\Omega^{-1}y \quad (11\text{-}8)$$

对应的方差估计量,如式(11-9):

$$\mathrm{Var}(\widehat{\beta}_{GLS}) = [X'\Omega^{-1}X]^{-1} \quad (11\text{-}9)$$

然而,在实际中,成分方差一般是未知的,需要采用可行广义最小二乘估计(FGLS),即先进行组内估计(采用固定效应模型),用估计的残差计算成分方差,得到 σ_ε^2 的估计值 $\widehat{\sigma}_\varepsilon^2$。假设 $e_{it} = (y_{it} - \bar{y}_i) - (x_{it} - \bar{x}_i)'\widehat{\beta}$ 为固定效应模型的残差,则可得到式(11-10):

$$\widehat{\sigma}_\varepsilon^2 = \frac{\sum_{i=1}^{n}\sum_{t=1}^{T} e_{it}^2}{NT - N - K} \quad (11\text{-}10)$$

接着估计 σ_n^2,如式(11-11):

$$\widehat{\sigma}_u^2 = \frac{\sum_{i=1}^{n}\sum_{t=1}^{T} e_{it}^2}{NT - k - 1} = \widehat{\sigma}_\varepsilon^2 + \widehat{\sigma}_n^2 \quad (11\text{-}11)$$

由此可以得到式(11-12):

$$\widehat{\sigma_n^2} = \widehat{\sigma_u^2} - \widehat{\sigma_\varepsilon^2} \tag{11-12}$$

这种处理方法的依据在于只需要 σ_ε^2 和 σ_n^2 的一致估计即可,至于是否无偏并不影响大样本性质,由此方法(FGLS)得到的估计量称为随机效应估计量(RE)。

11.4 模型实操与比较

对于面板数据的 Python 实现,这里采用实操案例进行演示。

实操案例　企业营运能力的因果关系推断

本实操案例采用的指标包括 2008—2021 年的 GDP 增速数据及企业运营能力数据(总资产周转率),同时,加入企业的盈利状况指标(NPR)及运营风险指标(STD)。本实操案例主要考察的因果关系是企业的营运能力受到自身经营情况[盈利状况指标(NPR)及运营风险指标(STD)]和宏观经济条件(GDP 增速)的影响。

在进行实操之前,为了运行面板数据模型,需要安装面板数据模型的工具包,在 Jupyter Notebook 中采用以下代码进行安装:

```
1  ! pip install linearmodels
2  # 从 linearmodels 工具包中引入混合面板数据模型工具
3  from linearmodels import PooledOLS
```

1) 加载工具包

```
1   import pandas as pd
2   # 加载 Pandas 工具,并将其命名为 pd
3   import statsmodels.api as sm
4   # 加载 Statsmodels 工具,并将其命名为 sm
5   import numpy as np
6   # 加载 NumPy 工具,并将其命名为 np
7   import matplotlib.pyplot as plt
8   # 加载 Matplotlib 工具,并将其命名为 plt
9   from scipy import stats
10  # 导入统计函数子包 Scipy.stats
```

2) 加载数据

```
1  dd= pd.read_excel('11.csv',header= 0)
2  # 将个体和时间变量复制出来,用以制作索引
3  dd['code1']= dd['code']
4  dd['time']= dd['accper']
```

3）设定面板数据的索引

```
1  # 引入时间格式的工具
2  import datetime
3  # 需要使用下面语句转化为 datetime 64 格式,才能够进行 index 设定
4  dd['accper']= dd.accper.apply(lambda x: pd.to_datetime(x))
5  dd['accper']
6  # 设定两个索引
7  df= dd.set_index(['code1','accper'])
```

4）获取需要的变量

```
1  df.exog= pd.DataFrame()
2  df.exog['code']= df['code']
3  df.exog['time']= df['time']
4  df.exog['总资产周转率']= df['总资产周转率']
5  df.exog['GDP']= df['log((GDP_t)/(GDP_(t- 4 )))']
6  df.exog['NPR']= df['NPR']
7  df.exog['STD']= df['STD']
8  # 设定回归中需要用到的变量
9  exog= ['GDP','NPR','STD']
```

5）执行混合面板数据模型（pooled model）的估计

```
1  data.exog= sm.add_constant(df.exog)
2  ols_model= PooledOLS(df.exog['总资产周转率'],df.exog[exog])
3  ols_model_result= ols_model.fit()
4  print(ols_model_result)
```

注意，面板数据模型的结果导出不再使用最小二乘法经常使用的 ols_model_result.summary()命令，而是使用打印命令。

输出结果，如图 11-1 所示。

从结果可以看出，宏观经济条件变量（GDP）、企业盈利状况指标（NPR）及企业运营风险指标（STD）均在 1‰ 的水平上显著，表示三者均对企业营运能力具有显著性的影响。其中，GDP 指标的影响系数为 0.8108，表示当 GDP 增长 1 个单位，企业的运营能力将上升 0.8108 个单位。

6）执行随机效应模型（random effect regression model）的估计

```
1  # 运行随机效应模型
2  from linearmodels import RandomEffects
3  ols_model2= RandomEffects(df.exog['总资产周转率'],df.exog[exog])
4  ols_model2_result= ols_model2.fit()
5  print(ols_model2_result)
```

```
                          PooledOLS Estimation Summary
================================================================================
                                    总资产周转率
Dep. Variable:                             R-squared:                    0.3487
Estimator:                      PooledOLS  R-squared (Between):          0.5263
No. Observations:                  117086  R-squared (Within):          -0.8528
Date:                   Thu, Mar 30 2023   R-squared (Overall):          0.3487
Time:                            10:26:38  Log-likelihood               -1.191e+05
Cov. Estimator:                Unadjusted
                                           F-statistic:                  2.09e+04
Entities:                            4328  P-value                       0.0000
Avg Obs:                           27.053  Distribution:             F(3, 117083)
Min Obs:                           2.0000
Max Obs:                           43.000  F-statistic (robust):         2.09e+04
                                           P-value                       0.0000
Time periods:                          14  Distribution:             F(3, 117083)
Avg Obs:                           8363.3
Min Obs:                           3096.0
Max Obs:                        1.275e+04

                             Parameter Estimates
================================================================================
        Parameter   Std. Err.   T-stat    P-value    Lower CI    Upper CI
  GDP      0.8108     0.0083    98.162     0.0000      0.7946      0.8270
  NPR      0.2898     0.0215    13.494     0.0000      0.2477      0.3319
  STD      0.7281     0.0045    162.36     0.0000      0.7193      0.7368
```

图 11-1　混合最小二乘估计结果

输出结果，如图 11-2 所示。

```
                        RandomEffects Estimation Summary
================================================================================
                                    总资产周转率
Dep. Variable:                             R-squared:                    0.0027
Estimator:                   RandomEffects  R-squared (Between):         0.0407
No. Observations:                  117086  R-squared (Within):          -0.0013
Date:                   Thu, Mar 30 2023   R-squared (Overall):          0.0344
Time:                            10:27:08  Log-likelihood               -2.458e+04
Cov. Estimator:                Unadjusted
                                           F-statistic:                  104.34
Entities:                            4328  P-value                       0.0000
Avg Obs:                           27.053  Distribution:             F(3, 117083)
Min Obs:                           2.0000
Max Obs:                           43.000  F-statistic (robust):         104.34
                                           P-value                       0.0000
Time periods:                          14  Distribution:             F(3, 117083)
Avg Obs:                           8363.3
Min Obs:                           3096.0
Max Obs:                        1.275e+04

                             Parameter Estimates
================================================================================
        Parameter   Std. Err.   T-stat    P-value    Lower CI    Upper CI
  GDP      0.0173     0.0041    4.1872     0.0000      0.0092      0.0254
  NPR      0.0925     0.0101    9.1646     0.0000      0.0727      0.1123
  STD      0.0456     0.0032    14.338     0.0000      0.0393      0.0518
```

图 11-2　随机效应估计结果

运行固定效应模型,执行下面的语句:

```
1  PanelOLS(data['invest'], exog, entity_effects= True,time_effects= True)
```

其中,entity_effects 表示个体效应,time_effects 表示时间效应。

7) 执行固定效应模型(fixed effects regression model)的估计

```
1  # 运行固定效应模型
2  from linearmodels import PanelOLS
3  ols_model3= PanelOLS(df.exog['总资产周转率'],df.exog[exog])
4  ols_model3_result= ols_model3.fit()
5  print(ols_model3_result)
```

输出结果,如图11-3所示。

```
                          PanelOLS Estimation Summary
================================================================================
                                     总资产周转率
Dep. Variable:                                   R-squared:                0.3487
Estimator:                            PanelOLS   R-squared (Between):      0.5263
No. Observations:                       117086   R-squared (Within):      -0.8528
Date:                         Thu, Mar 30 2023   R-squared (Overall):      0.3487
Time:                                 10:27:12   Log-likelihood           -1.191e+05
Cov. Estimator:                     Unadjusted
                                                 F-statistic:              2.09e+04
Entities:                                 4328   P-value                   0.0000
Avg Obs:                                27.053   Distribution:          F(3,117083)
Min Obs:                                2.0000
Max Obs:                                43.000   F-statistic (robust):     2.09e+04
                                                 P-value                   0.0000
Time periods:                               14   Distribution:          F(3,117083)
Avg Obs:                                8363.3
Min Obs:                                3096.0
Max Obs:                             1.275e+04

                             Parameter Estimates
================================================================================
          Parameter  Std. Err.     T-stat    P-value    Lower CI    Upper CI
--------------------------------------------------------------------------------
GDP          0.8108     0.0083     98.162     0.0000      0.7946      0.8270
NPR          0.2898     0.0215     13.494     0.0000      0.2477      0.3319
STD          0.7281     0.0045     162.36     0.0000      0.7193      0.7368
================================================================================
```

图 11-3　固定效应估计结果

8) 比较三种模型

```
1  from linearmodels.panel import compare
2  print(compare({'Pooled':ols_model_result,'RE':ols_model2_result,'FE':ols_model3_result}))
```

输出结果,如图11-4所示。

```
                          Model Comparison
================================================================
                         Pooled              RE              FE
----------------------------------------------------------------
Dep. Variable         总资产周转率    总资产周转率    总资产周转率
Estimator               PooledOLS    RandomEffects       PanelOLS
No. Observations           117086           117086         117086
Cov. Est.               Unadjusted       Unadjusted     Unadjusted
R-squared                   0.3487           0.0027         0.3487
R-Squared (Within)         -0.8528          -0.0013        -0.8528
R-Squared (Between)         0.5263           0.0407         0.5263
R-Squared (Overall)         0.3487           0.0344         0.3487
F-statistic               2.09e+04           104.34       2.09e+04
P-value (F-stat)            0.0000           0.0000         0.0000
================== ============= ================ =============
GDP                         0.8108           0.0173         0.8108
                          (98.162)         (4.1872)       (98.162)
NPR                         0.2898           0.0925         0.2898
                          (13.494)         (9.1646)       (13.494)
STD                         0.7281           0.0456         0.7281
                         (162.36)          (14.338)       (162.36)
----------------------------------------------------------------
T-stats reported in parentheses
```

图 11-4 模型比较

从图 11-4 中可以看出,随机效应模型的拟合结果(R-squared)要比另外两种的效果差很多,因此可以判定混合面板模型和固定效应模型更加适合该种数据类型的分析。

第 3 篇

Python 机器学习方法

第 12 章

Python 机器学习基础介绍

 知识导航

$$
\text{Python 机器学习基础介绍}\begin{cases}\text{机器学习的来源}\\\text{机器学习的定义}\\\text{机器学习的发展}\\\text{机器学习的基础}\\\text{机器学习的应用}\\\text{机器学习的分类}\\\text{机器学习的基本流程}\end{cases}
$$

 学习目标

1. 了解机器学习的基本内容
2. 初识机器学习的发展、应用及分类
3. 学习机器学习的基本流程

12.1 机器学习的来源

机器学习,最早是由人工智能领域先驱 Arthur Samuel 于 1959 年提出的,指的是计算机在没有程序指引的情况下,自发对数据进行学习,并随着数据的使用,不断优化自身。

12.2 机器学习的定义

机器学习是一门多学科交叉专业,涵盖概率论知识、统计学知识、近似理论知识和复杂算法知识,使用计算机作为工具并致力于真实、实时模拟人类学习方式,并将现有

内容进行知识结构划分来有效提高学习效率。机器学习的定义包含以下内涵：如何通过经验的学习进而改善算法性能。也就是说，通过将算法运用于实践（如实际数据），研究如何优化算法，以更好地适应实践的需要。这一过程即 AI 的一种表现形式，因而机器学习是研究人工智能的科学。

12.3　机器学习的发展

1) 第一阶段：20 世纪 50 年代中叶—20 世纪 60 年代中叶

这个时期主要研究无知识的学习。这类方法主要研究系统的执行能力，通过对机器环境及其相应性能参数的改变来检测系统所反馈的数据。在这一过程中，系统将受到修改程序的影响，进而改变自身的组织，并选择最优的性能环境。经典的例子是 Samuel 开发的下棋程序，在该系统中，程序将从经验和棋谱中进行学习，进而调整棋盘评价函数。

2) 第二阶段：20 世纪 60 年代中叶—20 世纪 70 年代中叶

这个时期开始研究有知识的学习。主要的区别在于第一阶段的系统环境的优化没有办法学到更加深入的知识，需要研究人员将各专家学者的知识加入系统里，在加入的过程中采用了图结构及其逻辑结构方面的知识进行系统描述。这一阶段具有代表性的是 Hayes-Roth 和 Winson 的结构学习系统方法。

3) 第三阶段：20 世纪 70 年代中叶—20 世纪 80 年代中叶

这个时期被称为机器学习的复兴时期，该阶段的主要特征是将机器学习系统应用于各种现实需求中，以应对各种获取需求。机器学习的方式也从学习单个概念扩展到学习多个概念，探索不同的学习策略和方法。在该阶段，第一个专家学习系统的出现使得自动知识获取成为机器学习应用的研究目标，主流的示例归纳学习系统也应运而生。1980 年，第一届机器学习国际研讨会举行；1984 年，Simon 等 20 多位人工智能专家共同撰写的 *Machine Learning* 文集第二卷出版，国际性杂志 *Machine Learning* 创刊，标志着机器学习的突飞猛进的发展。这一阶段具有代表性的工作包括 Mostow 的指导式学习、Lenat 的数学概念发现程序、Langley 的 BACON 程序及其改进程序。

4) 第四阶段：20 世纪 80 年代中叶至今

这个时期是机器学习的最新阶段，这个时期的机器学习具有如下特点：

（1）机器学习已成为新的学科，综合应用了心理学、生物学、神经生理学、数学、自动化和计算机科学等，形成了机器学习理论基础。

（2）融合了各种学习方法，且形式多样的集成学习系统研究正在兴起。

（3）机器学习与人工智能各种基础问题的统一性观点正在形成。

（4）各种学习方法的应用范围不断扩大，部分应用研究成果已转化为产品。

（5）与机器学习有关的学术活动空前活跃。

12.4　机器学习的基础

机器学习的基础可以概括为以下几个方面：

（1）数据。机器学习的核心在于数据，需要有足够的数据来训练模型。这些数据可以是结构化的数据，如表格数据，也可以是非结构化的数据，如图像、音频、文本等。数据需要经过预处理、清洗和转换等步骤，以便于机器学习算法的处理。

（2）算法。机器学习算法是实现机器学习的关键。常见的机器学习算法包括决策树、神经网络、支持向量机、朴素贝叶斯、随机森林等。不同的算法适用于不同的问题和数据类型，需要根据具体情况选择合适的算法。

（3）特征工程。特征工程是指将原始数据转换为特征向量的过程，包括特征提取、特征选择、特征变换等步骤，目的是提取出针对问题的有用的特征，以便于机器学习算法的处理。

（4）模型评估。模型评估是评价机器学习模型性能的重要步骤。常用的评估指标包括准确率、精确率、召回率、F1 值等，需要使用交叉验证、ROC 曲线等方法来评估模型的泛化能力和稳定性。

（5）调参。调参是指调整模型参数以获得更好性能的过程。机器学习算法中存在许多参数需要调整，如神经网络的层数和节点数、支持向量机的核函数和惩罚参数等，需要使用网格搜索、随机搜索等方法来寻找最优参数组合。

12.5　机器学习的应用

随着大数据时代的到来，机器学习已成为当今研究的热点问题之一。机器学习涉及大量算法和知识，已被广泛应用于现实世界，充分发挥了机器学习算法的潜力。它可以从海量数据中自动提取有用信息，对解决现实世界的复杂问题具有重要意义。其具体应用包括：

（1）数据分析和挖掘。自 2012 年 Hadoop 涉足机器学习领域以来，机器学习在数据分析和挖掘领域中扮演着不可替代的角色。数据分析和挖掘技术是由机器学习算法和数据存取技术相结合而成的,它使用机器学习算法对海量数据进行统计分析、知识发现等,同时采用了高效的数据存取机制,实现了对数据的高效读写。

(2) 模式识别。模式识别研究重点有两个方面:第一个方面是研究生物体(包括人)怎样感知物体,属于认识科学的范畴;第二个方面是研究在给定的任务下,怎样利用计算机进行模式识别等理论与方法。这两个方面都是机器学习的长项,也是机器学习研究的内容之一。因此,模式识别属于机器学习的一种,利用机器学习对样本进行识别并分类。

模式识别的应用领域广泛,计算机视觉、医学图像分析、光学文字识别、自然语言处理、语音识别、手写识别、生物特征识别、文档分类、搜索引擎等领域是机器学习展示才华的平台。

(3) 生物信息学。生物信息学是伴随基因组等测序项目发展起来的,生物信息学的焦点正在逐渐由积累数据转向如何对其进行解读。生物信息学家们通过大量实验探索出了许多有效的分析方法,其中一些已经应用于生命科学领域并取得显著效果。目前,生物信息学的研究工作主要集中在基于统计或经验知识的模型构建方面,这些建模方法都是针对特定的应用领域建立起来的,不能直接应用于大规模数据集领域。而机器学习方法,如神经网络、遗传算法、决策树、支持向量机等,正适用于处理这类数据量较大的问题。

(4) 自然语言处理。自然语言处理属于人工智能与语言学领域中的一个分支,以研究语言为基础,是通过对人类思维方式进行模仿或借鉴来获取知识与信息的一门新兴学科。人工智能与语言学领域讨论了自然语言的加工和使用方法,其主要任务就是把人或机器通过语言表达出来的信息转换成计算机可接受的形式,即为人们提供一种新的思维方式——自然语言处理技术。自然语言处理是由许多方面、许多程序组成的,基本包含认知、理解和生成环节。

例如,运用机器学习制作的个性化推荐系统,通过对用户行为和兴趣的分析,根据用户喜好,向用户推荐相关的产品、服务、内容等,提高用户的满意度和忠诚度。这一过程中主要采用深度学习、自然语言处理等技术,通过对用户行为和兴趣进行数据分析和挖掘,建立用户兴趣模型、内容相似度模型等,实现精准的个性化推荐。其主要应用的流程包括:

(1) 数据收集:收集并整理用户行为和兴趣相关的数据,如点击、浏览、搜索、购买,以及用户个人信息、历史记录等。

(2) 数据处理:对收集到的数据进行清洗、去噪、归一化等处理,以便后续的分析和建模。

(3) 特征工程：根据收集的数据，提取用户的行为特征、内容特征、兴趣特征等，建立用户兴趣模型、内容相似度模型等。

(4) 模型训练：通过采用深度学习等技术，训练推荐系统的模型，实现精准的个性化推荐。

(5) 实时推荐：根据用户的实时行为和兴趣，结合已训练好的模型，进行实时的个性化推荐。

12.6 机器学习的分类

在计量经济学、政策评价与预测、政策仿真等方面，必须运用到以大数据为中心的机器学习方法。机器学习可划分为两种类型：一种是有监督学习；另一种是无监督学习，前者包括分类问题和回归问题，后者包括降维和聚类问题。从监督学习过渡到无监督学习，又可以细分为四种。

(1) 监督学习。监督学习是指从已有的标记数据中学习，以预测未知数据的标记。在监督学习中，算法从输入数据中提取特征，并将这些特征与已知的标记数据相匹配，使用这些信息来预测未知数据的标记。监督学习包括分类、回归和序列预测。输入数据在监督学习中必须包含特征和期望结果，也就是输入和输出。输入数据中的目标是有标签标记的，输入数据的标记是否存在，是监督学习与非监督学习的主要区别。常见的监督式学习算法有回归分析和分类统计。

(2) 无监督学习。无监督学习是指从未标记的数据中学习，以发现数据中的结构和模式。在无监督学习中，算法只能从数据中提取特征，而没有标记信息可用，与监督学习相比，无监督学习结果不受标记的影响。无监督学习包括聚类、关联规则挖掘和降维。

(3) 半监督学习。半监督学习是指在少量标记数据和大量未标记数据的情况下学习，以预测未知数据的标记。半监督学习的目标是利用未标记数据来提高分类准确性，同时减少需要标记的数据量。

(4) 强化学习。强化学习是指在一个动态环境中，智能体通过与环境的交互，学习如何作出最优决策。在强化学习中，智能体根据先前的行动和当前的状态来选择下一步行动，并从环境中获得奖励或惩罚。因此，强化学习被广泛应用于各种不同领域之中，包括机器人控制、游戏玩法和自动驾驶，特别是机器人与人工智能等方面，如DeepMind的AlphaGo项目。AlphaGo于2016年3月围棋比赛中战胜世界冠军李世石一举成名。它是如何做到这一点呢？这是因为AlphaGo通过对上百万场次赛事进行剖析,自己和自己对弈,学会了制胜的战术。

12.7 机器学习的基本流程

机器学习的基本流程通常包括以下步骤:

(1) 数据收集和清洗:收集相关数据,并对数据进行清洗和处理,以保证数据的质量和一致性,为后续的建模和分析做好准备。在收集数据方面,若资料数目不够或信噪比过低,那么即便使用再巧妙的算法也很难取得有效的结果。同时,由于采集和处理数据量大,要想快速地得到有用的结果往往比较困难。因此,在发展机器学习模型时,首先要考虑如何获取大量优质数据。当前获取资料的方法多种多样,可从网上开放数据库获得,也可借助爬虫在网络上直接爬取所需的资料,还可从各末端、在该平台上获得有关数据。数据的清洗,要根据实际情况将数据转换成可以计算的内容;针对数据的归一化、标准化等问题,可以消除量纲对模型的影响。例如,在性别问题中,男与女要转换成数据,以 1 表示男,0 表示女,才能进行实际的计算。

(2) 特征提取和选择:根据任务需求和数据特征,提取最能够反映数据本质的特征,同时对特征进行选择和优化,以提高模型的准确性和泛化能力,包括从数据中去提取特征、去除冗余数据提取关键信息。例如,在多因子选股中,人们会从原始价量数据中抽取各种因子,其中蕴含了特征提取的思想。

(3) 模型选择和训练:根据任务需求和数据特征,选择合适的机器学习算法和模型,将数据代入特定的模型中去训练,如估计参数,对数据进行训练和优化,以获得最佳的预测效果。若数据含有特征与标签并期望学习到特征与标签的对应关系,则可使用监督学习;在不标注而又想探究特征本身规律时,可使用非监督学习;若学习任务包括一系列动作及相应奖赏,可采取强化学习。

(4) 模型验证和评估:通过交叉验证等方法,对训练好的模型进行验证和评估,以了解模型的泛化能力和预测效果,并对模型进行调整和改进。例如,针对回归问题,我们可以采用均方误差作为评价指标,误差越小代表模型越好。在处理分类问题时,我们可以采用分类正确率进行评价,即测试集中被正确分类的样本比例,正确率越高代表模型性能越好。

(5) 模型部署和应用:将训练好的模型部署到实际应用场景中,在识别出模型未知参数之后,模型便可用于预测,也就是来到机器学习的预测环节,在模型预测之后,对模型的预测结果进行解释和评估,以保证模型的稳定性和可用性。

第 13 章

Python 机器学习的分类模型

知识导航

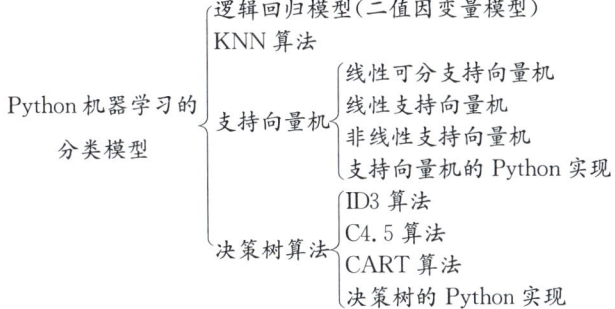

学习目标

1. 学习逻辑回归模型的 Python 应用
2. 学习 KNN 算法的 Python 应用
3. 学习支持向量机的 Python 应用
4. 学习决策树模型的 Python 应用

13.1 逻辑回归模型(二值因变量模型)

在前面的章节中介绍了虚拟变量,而二值因变量模型是虚拟变量模型其中的一种,其被解释变量取值为 0 或 1。其中,二分类模型的逻辑(logistic)回归即为常用的逻辑回归模型,是研究二分类被解释变量 y 与受到解释变量的一种非线性回归模型。为了方便估计,通常可以用 Logistic 函数(或称 Sigmoid 函数)将非线性回归转化成线性回归模型。Sigmoid 函数的具体形式如式(13-1):

$$f(x) = \frac{1}{1+e^{-x}} \tag{13-1}$$

Sigmoid 函数能够将数值转化为(0,1)之间,在具体计算过程中,需计算线性回归式,如式(13-2):

$$y_i^{预测} = x_i w \tag{13-2}$$

接着可以将式(13-2)转化为式(13-3):

$$P(x) = \text{sigmoid}(x_i w) = g(x_i w) = \frac{1}{1+e^{-x_i w}} \tag{13-3}$$

对式(13-3)进行变换可以得到式(13-4):

$$\log\left(\frac{P(x_i)}{1-P(x_i)}\right) = x_i w \tag{13-4}$$

由此,可以对 $\log\left(\dfrac{P(x_i)}{1-P(x_i)}\right)$ 进行线性回归。

在 Python 中实现逻辑回归需要导入逻辑回归的工具包,可以采用以下代码:

```
1   from sklearn.linear_model import LogisticRegression
```

导入之后,可以采用回归命令进行便捷的估计,可以在命令窗口输入 "LogisticRegression",获得其说明,其具体命令如下:

```
1   sklearn.linear_model.LogisticRegression(penalty= 'l1',
2                                           dual= False,
3                                           tol= 0.0001,
4                                           C= 1.0,
5                                           fit_intercept= True,
6                                           intercept_scaling= 1,
7                                           class_weight= None,
8                                           random_state= None,
9                                           solver= 'warn',
10                                          max_iter= 100,
11                                          multi_class= 'warn',
12                                          verbose= 0,
13                                          warm_start= False,
14                                          n_jobs= None,
15                                          l1_ratio= None)
```

参数说明,如表 13-1 所示。

表 13-1 参数说明

参数名	说明
penalty	惩罚项，是一个字符串，可以取值为"l1""l2""elasticnet"或"none"。如果选择"l1"，表示使用 L1 正则化；如果选择"l2"，表示使用 L2 正则化；如果选择"elasticnet"，表示使用弹性网络，即同时使用 L1 和 L2 正则化；如果选择"none"，表示不使用正则化
dual	选择目标函数为原始形式还是对偶形式，bool 值默认 False，将原始函数等价转化为一个新函数，该新函数称为对偶函数。对偶函数比原始函数更易于优化。当 n_samples > n_features 时，首选 dual = False
tol	优化算法停止的条件。float 默认 0.0001，当迭代前后的函数差值小于等于 tol 时就停止
C	正则化系数。float 默认 1.0，是正则化强度的逆，必须是正浮点数，数值越小正则化越强
fit_intercept	bool 值默认 True，指定逻辑回归模型中是否添加常数偏置项 b
intercept_scaling	loat 值默认为 1，仅在使用 solver=liblinear，且 self.fit_intercept 被设置为 True 时有效。这时，x 变为[x, self.intercept_scaling]，即在实例向量中附加了一个具有常数值等于 intercept_scaling 的合成特征。需注意，合成特征权重与所有其他特征一样需经过 l1 或 l2 正则化。为了减少正则化对合成特征权重(并因此对截距)的影响，必须增加 intercept_scaling
class_weight	dict or balanced 默认为 None，用于标示分类模型中各个类的权重。权重 Weights 与{class_label:weight}形式的类相关联。如果没有给出，所有类的权重为 1。"balanced"模式使用类标 y 的值来自动调整与输入数据中的类频率成反比的权重，如 n_samples /(n_classes * np.bincount(y))。请注意，如果指定了 sample_weight，这些权重将与 sample_weight(通过 fit 方法传递)相乘。New in version 0.17: class_weight=balanced
random_state	int 默认为 None，当打乱数据时，使用伪随机数种子。如果是 int，则 random_state 是随机数生成器产生的种子；如果是 RandomState，则 random_state 是随机数生成器；如果为 None，则随机数生成器是 np.random；使用的 RandomState 实例，只在 solver=sag 或 liblinear 时使用
solver	str: {'newton-cg', 'lbfgs', 'liblinear', 'sag', 'saga'}，逻辑回归损失函数的优化方法，用于优化问题的算法，具体使用看官方文档。"newton-cg"：牛顿法的一种。"lbfgs"：拟牛顿法的一种。利用损失函数二阶导数矩阵即海森矩阵来迭代优化损失函数，推荐用于较小的数据集。"liblinear"：使用坐标轴下降法来迭代优化损失函数。"sag"：随机平均梯度下降。每次迭代仅仅用一部分的样本来计算梯度，适合于样本数据多的时候。saga 是 sag 的一类变体，支持非平滑(non-smooth)的 L1 正则选项 penalty="l1"。因此，对于稀疏多项式 logistic 回归，往往选用该求解器
max_iter	优化算法的迭代次数，默认 100

(续表)

参数名	说明
multi_class	ovr or multinomial,一对多和多对多。如果选择的选项是"ovr",那么在每个类上训练一个二分类问题。对于多项式,最小化的损失是整个概率分布中的多项式损失拟合,即使数据是二分类的。当 solver＝liblinear 时,multinomial 不可用。如果数据是二分类的,或者 solver＝liblinear,auto 选择 ovr,否则选择 multinomial
verbose	对于 liblinear 和 lbfgs 求解器,将 verbose 设置为任何正数以表示详细程度
warm_start	bool 值默认为 False,设置为 True 时,重用上一次调用的解作为训练的初始化,否则,只需擦除以前的解
n_jobs	int or None,默认为 None。如果 multi_class＝ovr,则在对类进行并行化时使用的 CPU 核心数。无论是否指定了"multi_class",当求解器设置为 liblinear 时,都会忽略此参数。None 表示 1,-1 表示使用所有处理器
l1_ratio	float or None,默认为 None,弹性网络混合参数,0≤l1_ratio≤1,仅在惩罚＝elasticnet 时使用

13.2　KNN 算 法

　　KNN 算法即 K 近邻算法,是分类模型的一种,但同时也可以用来作为回归模型。这个算法的过程类似于人们日常做选择时采用少数服从多数的原则进行决策。在已知的样本数据集中,存在中心样本点的训练数据,周围包含多个带有不同标签的样本,每个样本用不同的形状表示。每个形状都被认为是一个单位 K,其周围的范围是以样本离中心样本点的距离作为直径构成的空间范围。其核心思想是:如果一个样本在特征空间中的 K 个最相邻的样本中的大多数属于某一个类别,则该样本也属于这个类别,并具有该类别样本的特性,即少数服从多数。在 KNN 算法中,所选择的邻居都是已经正确分类的对象。该方法在定类决策上只依据最邻近的一个或者几个样本的类别来决定待分样本所属的类别。

　　通常情况下,K(邻近数)的取值通常不大于 20,并且一般选择奇数。在选择 K 值时,由于中心样本点的周围分布着不同的数据点,这些数据点离中心样本点的距离位置各异,因此 K 值的选择会影响分类结果。换句话说,不同的 K 值可能导致对中心样本点数据类别的不同判定。通常情况下,选择奇数的 K 值是为了避免在投票决策中产生平局,使决策更为明确。

当 K 值较小时,表示在较小的空间领域中判定多次数出现的数据点为与中心样本点所属的类别。然而,这样的判定可能存在学习误差,影响结果的准确性。此外,选择较小的 K 值可能会导致模型过于复杂,容易出现过拟合现象。相反,选择较大的 K 值表示在较大的空间领域中判定多次出现的数据点为与中心样本点所属的类别。尽管这可以减少学习误差,但可能使模型变得过于简单,出现欠拟合的问题。因此,在选择 K 值时需要谨慎,避免选择过大或过小的值。

为了确定合适的 K 值,通常使用交叉验证方法。交叉验证将样本数据分为两个部分,一部分用于训练数据,另一部分用于验证测试数据集。先使用训练集对分类器进行训练,然后利用验证数据集将未知数据代入模型中进行测试,最终评估出最优的模型和参数。这一过程有助于更准确地评估模型在未知数据上的性能,防止模型过于优秀导致过拟合。

KNN 算法的主要步骤如下:

(1) 算距离:给定测试数据,计算测试对象与训练集中的每个对象的距离。

(2) 找邻居:圈定距离最近的 K 个训练对象,作为测试对象的近邻。

(3) 做分类:根据 K 个近邻归属的主要类别,来对测试对象分类。

其中,KNN 算法的距离测算是一个较为核心的步骤,其距离的度量通常采用欧氏距离方法,即在 n 维向量空间下,假设训练样本 $A(X_{11}, X_{12}, X_{13}, \ldots, X_{1n})$,样本 $B(X_{11}, X_{12}, X_{13}, \ldots, X_{1n})$,$L_p$ 距离定义如式(13-5):

$$L_p(x_A, y_B) = \sqrt[p]{\sum_{k=1}^{m} | x_{1k} - y_{2k} |^p} ; \quad p \geqslant 1 \tag{13-5}$$

其中,p 是一个变参数。当 $p=2$ 时,就是两点之间的直线距离,称为欧氏距离(Euclidean distance),L_2 距离定义如式(13-6):

$$L_2(x_A, x_B) = \sqrt{\sum_{k=1}^{m} | x_{1k} - x_{2k} |^2} \tag{13-6}$$

在 Python 中实现 KNN 算法需要导入逻辑回归的工具包,可以采用以下代码:

```
1  from sklearn import neighbors
```

导入之后,可以采用回归命令进行便捷的估计,可以在命令窗口输入"KNeighborsClassifier"获得其说明,具体命令如下:

```
1  sklearn.neighbors.KNeighborsClassifier(n_neighbors = 5,
2                    weights= 'uniform',
3                    algorithm = '',
4                    leaf_size = '30',
5                    p = 2,
```

```
6                    metric = 'minkowski',
7                    metric_params = None,
8                    n_jobs = None
9                    )
```

参数说明,如表 13-2 所示。

表 13-2 参数说明

参数名	参数说明
n_neighbors	这个值即 KNN 中的"K"。通过调整 K 值,算法会产生不同的效果
weights	在最常见的 KNN 算法中,无论距离如何,所有点的权重都相同,但有时候我们想引入一些特殊的权重分配方式。这时候就需要 weight 这个参数了,weight 有三个可选参数的值,决定了如何分配权重。参数选项如下: 1. uniform:不管远近权重都一样,是最普通的 KNN 算法的形式 2. distance:权重和距离成反比,距离预测目标越近具有越高的权重 3. 自定义函数:自定义一个函数,根据输入的坐标值返回对应的权重,达到自定义权重的目的
algorithm	在 sklearn 中,要构建 KNN 模型有三种构建方式: 1. 暴力法:直接计算距离并存储比较 2. 使用 KD 树构建 KNN 模型 3. 使用球树构建 KNN 模型。 对于这些构建方式可以通过设置参数来选择具体的实现方式。参数选项如下: (1) brute:蛮力实现 (2) kd_tree:使用 KD 树实现 KNN (3) ball_tree:使用球树实现 KNN (4) auto:默认参数,自动选择合适的方法构建模型。不过当数据较小或比较稀疏时,无论选择哪个最后都会使用 brute
leaf_size	如果是选择蛮力实现,那么这个值是可以忽略的,当使用 KD 树或球树,它就是停止建子树的叶子节点数量的阈值。默认 30,但如果数据量增多这个参数需要增大,否则速度过慢不说,还容易过拟合
p	和 metric 结合使用,当 metric 参数是"minkowski"的时候,p=1 为曼哈顿距离,p=2 为欧式距离。默认为 p=2
metric	指定距离度量方法,一般都是使用欧式距离。 1. euclidean:欧式距离 2. manhattan:曼哈顿距离 3. chebyshev:切比雪夫距离 4. minkowski:闵可夫斯基距离,默认参数
n_jobs	指定多少个 CPU 进行运算,默认是-1,也就是全部都算

13.3 支持向量机

支持向量机(support vector machines,SVM)是一种有监督的机器学习算法,主要应用于统计分类和回归分析中,尤其在分类问题上,如二类分类模型。从数学分析的角度,在二维空间中,我们可以简单地通过一条直线将两个不同类别的数据分开,但隔断两个类别的方式却有无数条直线。如果考虑在更高维的空间中,可以构建一个最大间隔超平面,使两个平行超平面的距离最大化。支持向量机通过这个超平面进行分类,相比逻辑回归方法更为准确。逻辑回归以均值 0.5 作为分类判定点,而支持向量机引入了一个安全距离,例如,在 0~0.4 为正类,0.6~1 为负类。如果支持向量机的最大间隔越接近 0,则越接近逻辑回归的决策。

支持向量机学习方法包含不同的模型,从简到繁分别为线性可分支持向量机、线性支持向量机和非线性支持向量机。线性可分支持向量机适用于训练数据线性可分的情况,通过硬间隔(hard margin)最大化得到一个线性分类器,即硬间隔支持向量机。线性支持向量机适用于训练数据不完全线性可分但近似线性可分的情况,通过软间隔(soft margin)最大化得到一个线性分类器,即软间隔支持向量机。非线性支持向量机适用于训练数据线性不可分的情况,利用核技巧(kernel trick)和软间隔最大化,可以得到一个非线性支持向量机。

13.3.1 线性可分支持向量机

SVM 的目的是找到能够将两个类别的样本归类的超平面,并且该超平面离两类支持向量最远,此时最大化间隔超平面可以通过线性方程表示,如式(13-7):

$$\omega^T x + b = 0 \tag{13-7}$$

在二维空间中,点 (x,y) 到直线 $Ax+By+C=0$ 的距离公式如式(13-8):

$$\frac{Ax+By+C}{\sqrt{A^2+B^2}} \tag{13-8}$$

在多维空间中,点 $x=(x_1,x_2...x_n)$ 到超平面 $\omega^T x+b=0$ 的距离公式如式(13-9):

$$\frac{|\omega^T x + b|}{\|\omega\|} \tag{13-9}$$

其中,$\|\omega\| = \sqrt{\omega_1^2 + ... \omega_n^2}$。图 13-1 所示支持向量是样本中距离平面最近的一

些点,假设这些点到超平面的距离为 d。另外,在二分类问题中,y 取值为 1 或 -1,d 的符号与类标记 y 的符号是否一致能够表示分类是否正确,进而得出约束条件公式,如式(13-10):

$$\omega^T x + b \geqslant 1, y=1; \omega^T x + b \leqslant -1, y=-1 \qquad (13-10)$$

其中,1 为几何间隔的水平,合并成 $y(\omega^T x+b) \geqslant 1$,$y(\omega^T x+b)=|\omega^T x+b|$,推出式(13-11):

$$d = \frac{y(\omega^T x + b)}{\|\omega\|} \qquad (13-11)$$

SVM 求解的目标就是从最大化距离 d 转化为式(13-12):

$$\min \frac{1}{2} \|\omega\|^2, s.t. y_i(\omega^T x_i + b) \geqslant 1 \qquad (13-12)$$

图 13-1 就是支持向量机的基本模型 SVM 模型。

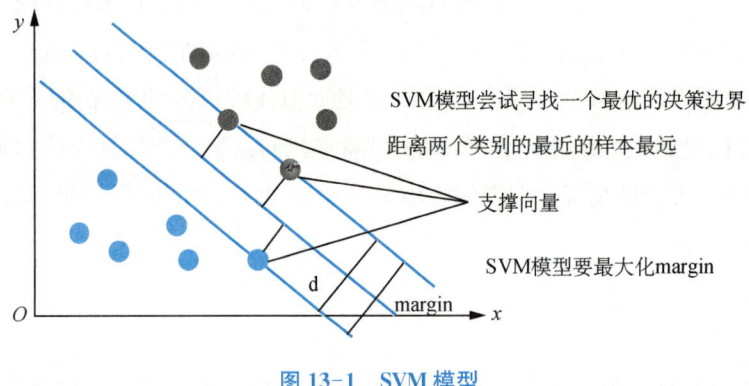

图 13-1 SVM 模型

13.3.2 线性支持向量机

线性支持向量就是在线性不可分状态下,允许少量样本不满足约束条件,将上述硬间隔最大条件放宽构成软间隔,存在少量样本不满足约束,如式(13-13):

$$y(\omega^T x + b) \geqslant 1 \qquad (13-13)$$

同时,在硬间隔原始问题函数 $\min \frac{1}{2} \|\omega\|^2, s.t. y_i(\omega^T x_i + b) \geqslant 1$ 上增加一个对这些点的惩罚项。惩罚项有 0~1 损失函数、指数损失函数、对率损失函数,其中,最常用的是 hinge 损失,如式(13-14):

第 13 章 Python 机器学习的分类模型

$$l_{hinge}(Z) = \max(0, 1-z) \tag{13-14}$$

即若样本点满足约束条件损失就是 0，否则损失是 $1-z$，则优化目标函数变成式 (13-15)：

$$\min_{\omega, b} = \frac{1}{2}\|\omega\|^2 + C\sum_{i=1}^{n}\max(0, 1-y_i(x_i^T\omega+b)) \tag{13-15}$$

其中，$C>0$ 称为惩罚参数，C 越小对误分类惩罚越小，C 越大对误分类惩罚越大，当 C 取正无穷时，所有样本均满足 $y(\omega^T x+b) \geqslant 1$，此时就变成了硬间隔优化。实际应用时我们要合理选取 C，C 越小越容易欠拟合，C 越大越容易过拟合。

如果我们引入松弛变量：$\xi i \geqslant 0$，那么式 (13-15) 可重写成式 (13-16) 的形式：

$$\min_{\omega, b, \xi} \frac{1}{2}\|\omega\|^2 + C\sum_{i=1}^{n}\xi_i, s.t. y_i(x_i^T\omega+b) \geqslant 1-\xi_i, \xi_i \geqslant 0, i=1, 2, \ldots n. \tag{13-16}$$

式 (13-16) 表示的软间隔支持向量机依然是一个凸二次规划问题，与硬间隔支持向量机类似，软间隔支持向量机也可以通过拉格朗日乘子法得到对应的拉格朗日函数，如式 (13-17)：

$$L(\omega, b, \xi, \alpha, \beta) = \frac{1}{2}\|\omega\|^2 + C\sum_{i=1}^{m}\xi_i - C\sum_{i=1}^{m}\alpha_i(y_i(x_i^T\omega+b)-1+\xi_i) - \sum_{i=1}^{m}\beta_i\xi_i \tag{13-17}$$

其中，$\alpha_i \geqslant 0$，$\beta_i \geqslant 0$ 是拉格朗日乘子。

13.3.3　非线性支持向量机

在不理想状态下遇到非线性问题时，我们需要使用技巧将线性支持向量转化为非线性支持向量领域。对于在有限维度向量空间中线性不可分的样本，我们将其映射到更高维度的向量空间里，再通过间隔最大化的方式，学习得到支持向量机，即非线性 SVM。通常用 x 表示原来的样本点，用 $\varphi(x)$ 表示 x 映射到新的特征空间后的新向量，分割超平面可以表示为式 (13-18)：

$$f(x) = \omega\varphi(x) + b \tag{13-18}$$

在非线性 SVM 中，将采用核技巧进行最大化，常用核函数有三个，第一个是线性核函数，如式 (13-19)：

$$k(x_i, x_j) = x_i^T x_j \tag{13-19}$$

第二个是多项式核函数，如式 (13-20)：

$$k(x_i, x_j) = (x_i^T x_j)^d \tag{13-20}$$

第三个是高斯核函数,如式(13-21):

$$k(x_i, x_j) = \exp\left(-\frac{\|x_i - x_j\|}{2\delta^2}\right) \tag{13-21}$$

13.3.4 支持向量机的 Python 实现

在 Python 中实现支持向量和需要导入支持向量机的工具包,可以采用以下代码:

```
1  from sklearn.svm import SVC
```

导入之后,可以采用回归命令进行便捷的估计,可以在命令窗口输入"SVC"获得其说明,具体命令如下:

```
1   sklearn.svm.SVC(* ,
2                   C= 1.0,
3                   kernel= 'rbf',
4                   degree= 3,
5                   gamma= 'scale',
6                   coef0= 0.0,
7                   shrinking= True,
8                   probability= False,
9                   tol= 0.001,
10                  cache_size= 200,
11                  class_weight= None,
12                  verbose= False,
13                  max_iter= - 1,
14                  decision_function_shape= 'ovr',
15                  break_ties= False,
16                  random_state= None)
```

参数说明,如表 13-3 所示。

表 13-3 参数说明

参数名	参数说明
C	惩罚(L2 正则化)系数 C,取值在[0,1]之间,默认值为 1.0。C 越大代表这个分类器对在边界内的噪声点的容忍度越小,分类准确率越高,但是容易过拟合,泛化能力差。一般情况下,应该适当减小 C,对在边界范围内的噪声有一定容忍
kernel	核函数类型,默认为 rbf。其他可选项有: linear:线性核函数 poly:多项式核函数 sigmoid:sigmoid 核函数

(续表)

参数名	参数说明
degree	多项式核(kernel=poly)的阶数,默认为 3。对其他核函数不起作用
gamma	核函数系数,取值为{'scale', 'auto'}或者一个 float 数值(默认为 scale)。只对 rbf、poly、sigmoid 起作用。如果 gamma=scale 时,1/(n_features * X.var()) 作为 gamma 的值。如果为 gamma=auto,则使用 1/n_features 作为 gamma 的值
coef0	核函数的常数项,只对 poly、sigmoid 有用
shrinking	是否启用启发式收缩方式,默认为 True
tol	停止训练的误差精度,默认值为 0.001
probability	布尔类型数据(0 默认为 False),决定最后是否按概率输出每种可能的概率。如果为 True,则需要预先调用 fit(),其内部将采用五折交叉验证的方式,随后调用预测函数 predict_proba()
class_weight	默认为 None,给每个类别分别设置不同的惩罚参数 C,如果没有给定,则会给所有类别都给 C=1,即前面指出的参数 C
verbose	是否启用详细输出,一般为 False
max_iter	int 参数默认为-1,最大迭代次数,如果为-1,表示不限制
decision_function_shape	决定了分类时,是一对多的方式来构建超平面,还是一对一的方式
random_state	默认为 None,在混洗数据时用于概率估计

13.4 决策树算法

决策树算法是分类常用的机器学习算法,由根节点、内部节点和叶节点组成,内部节点表示一个特征或属性,叶节点表示一个类。决策树算法是一种监管学习,采用递归的方式,从根节点开始,按照特征划分原始数据,然后在内部节点继续遍历这一过程,直到所有的样本数据都归到叶节点。

决策树的总体思路是按照某种标准,如通过计算信息增益(information gain)或基尼系数,选择合适的特征排列顺序,使得分类后数据集的信息熵减少,提高确定性。其中,信息熵是度量样本集合纯度最常用的一种指标,信息不确定度越大,信息熵就越大。其计算公式如式(13-22):

$$H(D) = -\sum_{k=1}^{K} \frac{|C_k|}{|D|} \log_2 \frac{|C_k|}{|D|} \tag{13-22}$$

其中，C_k 表示集合 D 中属于第 k 类样本的样本子集。

选择合适的特征通过以下方法进行确定：信息增益、信息增益比、基尼指数，分别对应了三种决策树生成算法，即信息增量（ID3 算法）、信息增益率（C4.5 算法）和基尼指数（CART 算法）。

13.4.1　ID3 算法

ID3 算法可以提高信息纯度，使信息熵下降，它的计算公式是将上一节点的信息熵减去下级所有子节点的信息熵即条件熵，根据每个子节点在上一节点中出现的概率来计算子节点信息熵，即信息增益＝信息熵－条件熵，其公式如式(13-23)：

$$\text{Gain}(D, A) = H(D) - H(D \mid A) = H(D) - \sum_{i=1}^{n} \frac{|D_i|}{|D|} H(D_i)$$

$$= H(D) - \sum_{i=1}^{n} \frac{|D_i|}{|D|} \left(\sum_{k=1}^{K} \frac{|D_{ik}|}{|D_i|} \log_2 \frac{|D_{ik}|}{|D_i|} \right)$$

(13-23)

其中，D_i 表示 D 中特征 A 取第 i 个值的样本子集，D_{ik} 表示 D_i 中属于第 k 类的样本子集。ID3 算法可能会对辨识属性的类别没有很大的效果，适用于具有较多对象属性时，选出其最优的对象属性。但是该方法只对分类问题有效，对连续的变量不适用。

ID3 算法计算思路为从根节点开始，对节点计算所有可能特征的信息增益，选择信息增益最大的特征作为节点的特征，以该特征的不同取值建立子节点；接着对子节点重复以上方法，继续构建子节点，直到所有的信息增益均很小，或者没有特征可以选择为止，即完成了决策树的构建。

13.4.2　C4.5 算法

C4.5 算法其实是对 ID3 算法的一种改进算法，因为 ID3 算法仍然存在不足，特别是在选择取值少的属性时，容易出现错选最优属性。C4.5 算法对 ID3 算法进行改进，具体有五种形式。

第一种采用信息增益率公式改进来选择属性，此公式为：信息增益率＝信息增益÷属性熵。假设对于特征 A 的公式如式(13-24)：

$$\text{Gain}_{\text{ratio}}(D, A) = \frac{\text{Gain}(D, A)}{H_A(D)} = \frac{\text{Gain}(D, A)}{-\sum_{i=1}^{n} \frac{|D_i|}{|D|} \log \frac{|D_i|}{|D|}}$$

(13-24)

特征 A 的选择通常是通过计算各个候选特征的信息增益率，选择具有最大信息增益率的特征作为当前节点的分裂特征。在这个过程中，信息增益率的计算涉及特征 A

的属性熵,即特征 A 各个取值的熵。

$H_A(D)$ 称为特征 A 的固有值。从式(13-24)中可以看出分母特征 A 的固有值越小,信息增益率就越大。C4.5 倾向于少量特征,其划分标准特征时不是选取最大的特征,而是先在大量等待被划分的特征中计算出信息增益率高于平均值的特征,然后按照最高增益率选取特征。这种方法叫作启发式方法。

第二种引用悲观剪枝。悲观剪枝(pessimistic error pruning,PEP)通常是指在决策树算法中的剪枝策略。剪枝是为了防止模型在训练数据上过分拟合,提高模型的泛化能力。悲观剪枝是一种相对谨慎的剪枝方法,它在决策树的生长过程中,采用一种保守的方式来预测每个节点的不确定性。因为 ID3 算法经常存在过拟合现象,所以在 C4.5 构造决策树之后采用悲观剪枝,能提升决策树的泛化能力。悲观剪枝是后剪枝技术中的一种,对每个内部节点从下往上递归,评估分类错误率,比较剪枝前后节点的分类错误率,然后确定是否剪枝更有利。

第三种是离散化处理连续属性方式改进。

第四种是处理缺失值,一般用于数据集不全的情况。

第五种是通过后剪枝。后剪枝(Post-pruning)是一种决策树剪枝的策略,与先剪枝(Pre-pruning)相对。在后剪枝中,决策树先被构建到尽可能地深,再通过剪枝的方式来减小树的规模,防止过拟合。后剪枝的基本思想是,通过在已构建的决策树上进行剪枝,去除一些过于复杂或过拟合的分支,从而提高模型的泛化能力。通常情况后剪枝比预剪枝要好,后剪枝能够较好地确保不纯度值,即完成了决策树的构建。

13.4.3 CART 算法

分类回归树(Classification and Regression Tree,CART)算法不同于 ID3 算法和 C4.5 算法,不仅可以解决分类问题,还能用于回归。对回归树用平方误差最小化准则,对分类树用基尼指数最小化准则,进行特征选择,生成二叉树。使用 CART 算法构造分类树处理离散数据时,将输出样本类别,而回归预测连续数据时输出的是数值。其采用的基尼指数代表了样本数据的不确定度,当基尼系数越小时,不确定度低,特征越好。分类的过程可以降低不确定度,所以 CART 算法在构造分类树的时候,会选择基尼系数最小的属性作为属性的划分,其系数的计算公式如式(13-25):

$$\text{Gini}(D) = \sum_{k=1}^{K} \frac{|C_k|}{|D|}\left(1-\frac{|C_k|}{|D|}\right) = 1 - \sum_{k=1}^{K}\left(\frac{|C_k|}{|D|}\right)^2 \text{Gini}(D \mid A)$$
$$= \sum_{i=1}^{n} \frac{|D_i|}{|D|}\text{Gini}(D_i)$$

(13-25)

其中,k 代表类别。基尼指数反映了从数据集中随机抽取两个样本,其类别标记不一致的概率。基尼指数倾向于特征多的数据集,可以用来度量不均匀分布,实现 0 至 1 数值转换成 0/1 的分类,用 CART 解决二分类问题的表达式如式(13-26):

$$\text{Gini}(D \mid A) = \frac{|D_1|}{|D|} \text{Gini}(D_1) + \frac{|D_2|}{|D|} \text{Gini}(D_2) \tag{13-26}$$

CART 回归树划分数据集的过程和分类树的过程一样,只是回归树得到的预测结果是连续值,而且评判"不确定度"的指标不同。在 CART 分类树中采用基尼系数作为标准,在 CART 回归树中,采用最小绝对偏差(LAD)或最小二乘偏差(LSD)作为节点划分的依据,得到的是连续值,即回归预测结果。CART 决策树的后剪枝主要采用的是 CCP 方法,即使用表面误差率增益值,去定义剪枝前后的误差。其公式表示如式(13-27):

$$g(t) = \frac{C(t) - C(T_t)}{|T_t| - 1} \tag{13-27}$$

其中,T_t 是以 t 为根节点的子树,$C(T_t)$ 表示节点 t 的子树没被裁剪时子树 T_t 的误差,$C(t)$ 表示节点 t 的子树被剪枝后节点 t 的误差,$|T_t|$ 代子树 T_t 的叶子数,剪枝后,T 的叶子数减少了($|T_t|-1$)。

CART 算法的计算过程为:取训练数据集为 D,计算现有特征对该数据集的基尼指数;对每一个特征 A,对其可能取的每个值,根据样本点对 A=a 的测试将 D 分割为 D1 和 D2 两部分,并计算 A=a 时的基尼指数;从现节点生成两个子结点,将训练数据集依据特征分配到两个子结点中去,对两个子结点递归调用以上方法,直到节点中的样本个数小于预定阈值,或样本集的基尼指数小于预定阈值,或者没有更多的特征。

13.4.4 决策树的 Python 实现

在 Python 中实现决策树需要导入支持决策树的工具包,可以采用以下代码:

```
1  from sklearn.tree import DecisionTreeClassifier
```

导入之后,可以采用回归命令进行便捷的估计,可以在命令窗口输入命令"DecisionTreeClassifier"获得其说明,具体命令如下:

```
1  sklearn.tree.DecisionTreeClassifier(criterion= 'gini',
2                                     splitter= 'best',
3                                     max_depth= None,
4                                     min_samples_split= 2,
5                                     min_samples_leaf= 1,
```

```
6                        min_weight_fraction_leaf= 0.0,
7                        max_features= None,
8                        random_state= None,
9                        max_leaf_nodes= None,
10                       min_impurity_decrease= 0.0,
11                       min_impurity_split= None,
12                       class_weight= None,
13                       presort= False)
```

参数说明，如表 13-4 所示。

表 13-4 参数说明

参数名	参数说明
criterion	选择结点划分质量的度量标准，默认使用 gini，即基尼系数。基尼系数是 CART 算法中的度量标准。此参数还可以设置为 entropy，表示信息增益，是 C4.5 算法中采用的度量标准
splitter	节点划分时的策略，默认使用 best。best 表示根据选用的 criterion 标准选择最优划分属性来划分该节点。通常适用于训练样本数据量较小的情况，因为选择最优划分属性需要计算每种候选属性下划分的结果。此参数还可以设置为 random，表示使用最优的随机划分属性。一般适用于训练数据量较大的情况，可以减少计算量
max_depth	设置决策树的最大深度，默认为 None。None 表示不对决策树的最大深度设置约束，直到每个叶子结点上的样本均属于同一类，或者少于 min_samples_leaf 参数指定的叶子结点上的样本个数。也可以指定一个整数值，设置树的最大深度。在样本数据量较大时，可以通过设置该参数提前结束树的生长，以改善过拟合问题。然而，一般不建议这样做，因为过拟合问题通过剪枝可以更有效地改善
min_samples_split	当对一个内部节点划分时，要求该节点上的最小样本数，默认为 2
min_samples_leaf	设置叶子节点上的最小样本数，默认为 1。在尝试划分一个节点时，只有划分后其左右分支上的样本个数不小于该参数指定的值时，才考虑将该节点划分，即当叶子节点上的样本数小于该参数指定的值时，该叶子节点及其兄弟节点将被剪枝。在样本数据量较大时，可以考虑增大该值，以提前结束树的生长
min_weight_fraction_leaf	在引入样本权重的情况下，设置每一个叶子节点上样本权重之和的最小值。一旦某个叶子节点上样本的权重和小于该参数指定的值，该叶子节点连同其兄弟节点将被剪枝，即其父节点不再进行划分。该参数默认为 0，表示不考虑权重的问题。若样本中存在较多的缺失值，或者样本类别分布偏差很大，引入样本权重就需要谨慎设置该参数
max_features	划分节点、寻找最优划分属性时，设置允许搜索的最大属性个数，默认为 None。假设训练集中包含的属性个数为 n，None 表示搜索全部 n 个的候选属性；auto 表示最多搜索 sqrt(n) 个属性；sqrt 表示最多搜索 sqrt(n) 个属性；log2 表示最多搜索 log2(n) 个属性；用户也可以指定一个整数 k，表示最多搜索 k 个属性。需要说明的是，尽管设置了参数 max_features，但是在至少找到一个有效（即在该属性上划分后，criterion 指定的度量标准有所提高）的划分属性之前，最优划分属性的搜索不会停止

（续表）

参数名	参数说明
random_state	当将参数 splitter 设置为 random 时，可以通过该参数设置随机种子号，默认为 None，表示使用 np.random 产生的随机种子号
max_leaf_nodes	设置决策树的最大叶子节点个数，该参数与 max_depth 等参数一起，限制决策树的复杂度，默认为 None，表示不加限制
min_impurity_decrease	打算划分一个内部节点时，只有当划分后不纯度（可以用 criterion 参数指定的度量来描述）减少值不小于该参数指定的值，才会对该节点进行划分，默认值为 0。可以通过设置该参数来提前结束树的生长
class_weight	设置样本数据中每个类的权重，这里权重是针对整个类的数据设定的，默认为 None，即不施加权重。用户可以用字典型或者字典列表型数据指定每个类的权重，假设样本中存在 4 个类别，可以按照 [{0:1, 1:1}, {0:1, 1:5}, {0:1, 1:1}, {0:1, 1:1}] 的输入形式设置 4 个类的权重，分别为 1、5、1、1，而不是 [{1:1}, {2:5}, {3:1}, {4:1}] 的形式
presort	设置对训练数据进行预排序，以提升节点最优划分属性的搜索，默认为 False。在训练集较大时，预排序会降低决策树构建的速度，因此不推荐使用。但训练集较小或者限制树的深度时，使用预排序能提升树的构建速度

实操案例　企业财务舞弊的影响因素分析——机器学习分析

本实操案例采用企业财务舞弊的案例数据，对几种主要的机器学习方法进行实操。选用的数据为上市企业 2007—2021 年财务舞弊数据，该数据集包含的数据类型，如表 13-5 所示。

表 13-5　数据类型

数据参数	参数说明
Stkcd	股票代码
Accper	统计截止日期
FRAUD	财务舞弊
FIRST	最大股东持股占比
TENTH	十大股东持股占比
PS	流通股占比
BRDS	董事人数
INDPR	独立董事占比
BRDSR	董事会持股占比
BRDI	前三名董事的薪酬总额
ES	高管人数

(续表)

数据参数	参数说明
ESR	高管持股占比
EI	前三名高管的薪酬总额
SPVS	监事人数
SPVSSR	监事会持股占比
TASSET	年末总资产
LAR	资产负债率
ROE	净资产收益率

根据这些数据需要做的任务是判断是否存在财务舞弊。

1) 加载工具包

```
1  import pandas as pd
2  import numpy as np
3  import warnings
4  import seaborn as sns
5  import matplotlib.pyplot as plt
6  from sklearn.model_selection import train_test_split
```

2) 获取数据

```
1  data = pd.read_excel('机器学习.xlsx', index_col= 0)
```

3) 判断财务舞弊的占比

```
1  # default_payment_count = data.iloc[:,- 1].sum()
2  Fraud_count = data[['FRAUD']].sum(axis= 0)
3  Fraud_proportion = round((default_payment_count/data.shape[0]) * 100,2)
4  print('财务舞弊的占比与无舞弊占比分别为 {}% 和 {}% '.format(default_payment
   _proportion, 100- default_payment_proportion))
```

输出结果:

财务舞弊的占比与无舞弊占比分别为 FRAUD   3.89
dtype: float64% 和 FRAUD   96.11
dtype: float64%

从结果可以看出,出现财务舞弊的占比为 3.89%。

4) 进行数据清洗

```
1  # 去除数据中的空值
2  dd= data
3  dd= dd[dd['FRAUD'].notnull()]
```

```
4   dd= dd[dd['FIRST'].notnull()]
5   dd= dd[dd['TENTH'].notnull()]
6   dd= dd[dd['PS'].notnull()]
7   dd= dd[dd['BRDS'].notnull()]
8   dd= dd[dd['INDPR'].notnull()]
9   dd= dd[dd['BRDSR'].notnull()]
10  dd= dd[dd['BRDI'].notnull()]
11  dd= dd[dd['ES'].notnull()]
12  dd= dd[dd['ESR'].notnull()]
13  dd= dd[dd['EI'].notnull()]
14  dd= dd[dd['SPVS'].notnull()]
15  dd= dd[dd['SPVSSR'].notnull()]
16  dd= dd[dd['TASSET'].notnull()]
17  dd= dd[dd['LAR'].notnull()]
18  dd= dd[dd['ROE'].notnull()]
19  # 获取被解释变量和解释变量
20  X = dd.iloc[:,2:- 1]
21  y = dd.iloc[:,1]
```

5）划分训练集和测试集

```
1  # 按照7:3的比例将数据集分割为训练集和测试集
2  X_train,X_test,y_train,y_test= train_test_split(X,y,test_size= 0.3,random_state= 5)
```

数据的准备到此完成，接下来采用不同的方法进行分类。

6）使用机器学习模型进行估计

在计算之前，先设置用于评价的准确率指标。

```
1  # 设定测试集数据的准确率指标
2  from sklearn.model_selection import *
3  # 使用分层采样(5- Folds)交叉验证观察测试集的准确率
4  def train_and_evaluate(clf, X_train, y_train):
5      cv = KFold(n_splits= 5, shuffle= True, random_state= 33)
6      scores = cross_val_score(clf, X_train, y_train, cv= cv)
7      return np.mean(scores)
```

（1）线性回归模型，代码如下：

```
1  # 使用线性回归模型进行计算
2  from sklearn.linear_model import LinearRegression
3  model = LinearRegression(normalize= True)    # 超参数,人为指定,normalize设置为True,构造一个模型
4  print(model.normalize)
5  model.fit(X_train,y_train)
6  # 训练集的准确率
7  a= train_and_evaluate(model, X_train, y_train)
```

```
8  y_pred = model.predict(X)
9  # y_pred_proba = model.predict_proba(X)
10 # 验证集的准确性
11 b= model.score(X_test, y_test)
```

(2) 逻辑回归方法,代码如下:

```
1  # 使用逻辑回归方法进行估计
2  from sklearn.linear_model import LogisticRegression
3  model 2 = LogisticRegression()
4  model 2.fit(X_train, y_train)
5  ypred2 = model 2.predict(X_test)
6  # 训练集的准确率
7  a1= train_and_evaluate(model 2, X_train, y_train)
8  # 验证集的准确性
9  b1= model 2.score(X_test, y_test)
```

(3) KNN 算法,代码如下:

```
1  # 使用 KNN 算法进行估计
2  from sklearn import neighbors
3  # 建立模型,选择一个模型
4  knn = neighbors.KNeighborsClassifier(n_neighbors= 5)
5  # 训练模型 (fit the model)
6  # knn.fit(X, y)
7  knn.fit(X_train, y_train)
8  y_pred3 = knn.predict(X)
9  # y_pred_proba = model.predict_proba(X)
10 # F1_model1 = metrics.f1_score(y, y_pred, average= 'weighted')
11 # 训练集的准确率
12 a2= train_and_evaluate(knn, X_train, y_train)
13 # * 验证集的准确率
14 b2= knn.score(X_test, y_test)
```

(4) 支持向量机,代码如下:

```
1  # 使用支持向量机进行估计
2  from sklearn.svm import SVC
3  svc = SVC(gamma= 'scale')
4  # 训练模型 (fit the model)
4  svc.fit(X_train, y_train)
6  y_pred4 = knn.predict(X)
7  a3= train_and_evaluate(svc, X_train, y_train)
8  # * 验证集的准确率
9  b3= svc.score(X_test, y_test)
```

(5) 决策树,代码如下:

```
1  # 使用决策树进行估计
2  from sklearn.tree import DecisionTreeClassifier
3  clf = DecisionTreeClassifier()
4  clf.fit(X_train, y_train)
5  ypred = clf.predict(X_test)
6  y_pred5 = clf.predict(X)
7  a4= train_and_evaluate(clf, X_train, y_train)
8  # * 验证集的准确率
9  b4= clf.score(X_test, y_test)
```

7) 比较不同模型的优劣

```
1   # 比较各个模型的优劣,其中 score 有两个
2   method_names= ['Linear Regression','LogisticRegression','KNN','SVC',
3                  'DecisionTree']
4   cv_scores= [a,a1,a2,a3,a4]
5   test_scores= [b,b1,b2,b3,b4]
6   import matplotlib.pyplot as plt
7   plt.plot(method_names,cv_scores,marker= 'o',label= 'train_scores')
8   plt.plot(method_names,test_scores,marker= '^',label= 'test_scores')
9   plt.legend()
10  plt.xlabel('method')
11  plt.ylabel('score')
12  plt.xticks(rotation= 45)
13  plt.show()
```

输出结果,如图 13-2 所示。

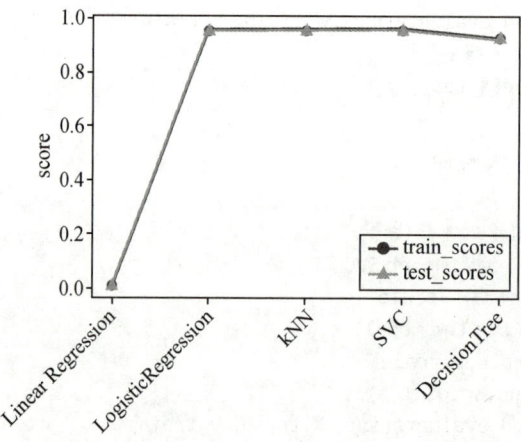

图 13-2　不同算法比较

从结果可以看出,逻辑回归的方法和 KNN 算法的准确率是最高的,也是最适合的模型。